하늘의 노래

The Songs of the Heaven

윤종수 성서 명상 시선

하늘의 노래 The Songs of the Heaven

2018년 11월 26일 초판 1쇄 인쇄
2018년 11월 30일 초판 1쇄 발행

지 은 이 | 윤종수
펴 낸 이 | 김영호
펴 낸 곳 | 도서출판 동연
등   록 | 제1-1383호(1992. 6. 12)
주   소 | 서울시 마포구 월드컵로 163-3
전   화 | (02)335-2630
전   송 | (02)335-2640
이 메 일 | yh4321@gmail.com

ISBN 978-89-6447-458-7   03230
ISBN 978-89-6447-450-1   03230 (세트)

윤 종 수 성 서 명 상 시 선

하늘의 노래

The Songs of the Heaven

동연

깨어서 하늘을

바라보아야 한다.

거기에서 내려오는

생명의 소리를 들어야 한다.

듣는 자는 일어날 것이고

일어나는 자는

노래를 부르게 될 것이다.

차례

2장

눈물의 노래

3장

소망의 노래

4장

보는 자

5장

그 날에

프롤로그(Prologue)

그는 언제나 그곳에 있었다.
신의 소리가 들려오는 곳.
그의 눈은 현실을 꿰뚫어
실상의 이면을 보고 있었다.

그의 예언은
거기에서 나왔다.
그것이 바로
존재의 목적이었다.

날씨는 알면서
시대는 알지 못하는
하늘의 징조에
눈이 먼 사람들.

가진 것을 움켜쥐고
몸부림치며 죽어가는
어리석고 못난
헐벗은 군상들.

그는 결단코
그 기나긴 밤에도
잠이 들 수가 없었다.

그들의 참상이 눈에 밟혔다.

날마다 생명의 비명이
그의 귀를 파고들었다.
귀가 열린 것이 그에게는
견딜 수 없는 아픔이었다.

모든 생명들의 희망이
그에게 달려있었다.
그래서 그것이
삶의 의미가 되었다.

그는 하늘의 계시를 맡은 자였다.
그에게는 세상이 알지 못하는
하늘의 밥이 있었다.
그것이 그의 매일 먹는 양식이었다.

1 장

위로의 노래

1. 들으라

전쟁을 그치라.
무기를 내려놓으라.
너희의 욕망을 위하여
이웃을 죽이지 말라.

같이 살아야 할 존재이지
없애버려야 할 상대가 아니니
살상을 그만두라.
너의 가슴을 파먹지 말라.

언제까지 너희의
악행을 계속하겠느냐?
이대로 그냥
멸망의 길로 가겠느냐?

질주는 너희가 하겠지만
죽는 것은 나인 것이니
너희는 하나이지
둘이 아닌 것이다.

그만
피 흘리기를 멈추라.

너의 피로
생명의 강을 더럽히지 말라.

너희의 피가
너희의 머리를 덮을 것이며
너희의 손이
너희의 눈을 가릴 것이다.

힘을 자랑하는 자는
힘으로 멸망할 것이요
머리를 높이 드는 자는
그 머리가 꺾일 것이다.

살 길이 여기에 있으니
생명의 품으로 들어오라.
너의 실상을 깨달으라.
자멸의 길에서 벗어나라.

하늘이여 들으라. 땅이여 귀를 기울이라. 여호와께서 말씀하시
기를 내가 자식을 양육하였거늘 그들이 나를 거역하였도다.
Isaiah 1:2

2. 포도원의 노래

눈에 보인다.
한 그루의 포도나무를 심는 사람들.
주어진 땅에서 성실하게 살아가는
흙을 닮은 사람들.

흙을 밟으며
흙과 하나가 되어
그곳에서 태어나
그곳에서 죽어간다.

우리가 흙을 떠나
어디로 갈 수 있겠는가?
흙을 잃어버린 사람들 속에서
아직도 땅을 사랑하는

거기에 희망이 있다.
묵묵히 밭을 갈고
삶의 노래를 부르는
소몰이꾼들이 있다.

더 이상 무엇을 하겠는가?
경건한 마음으로

하루를 살아가며
하루를 닫아간다.

적어도 그들은 땅에 대하여
죄를 짓지는 않는다.
거기에는 아직도
아름다운 미소가 있다.

세상이 흉내 낼 수 없고
누구도 빼앗아 갈 수 없는
생의 애정을
간직하고 있다.

언젠가 누군가 삶의 갈증이 들어
한 송이 포도를 찾을 때
선뜻 내어줄 수 있는
마음들이 있다.

3. 나를 보내소서

따뜻한 바람이 분다.
나의 계절이 시작되었다.
이제 일어서야 한다.
앞으로 나아가야 한다.

언제까지 자리에
앉아 있을 수만은 없다.
무언가 행동을 해야 한다.
나만의 소리를 내야 한다.

주어진 자리에서
최선을 다해야 한다.
할 수 있는 일을
조금씩 해야 한다.

거기에서 역사는 시작된다.
가만히 있는데서
변화의 바람이 일어난
때가 있었던가?

이제 옷을 벗어야 한다.
그 앞에 나아가야 한다.

그의 소리를 들어야 한다.
그의 비전을 보아야 한다.

자리를 털고 일어나야 한다.
오랜 세월이 지났다.
어둠이 너무 짙었다.
아무도 일어서지 않았다.

앉아서 죽지 말고
걷다가 죽어야 한다.
그것처럼 수치스런 일이
어디에 있겠는가?

세상에 우연은 없고
의미 없는 일은 없다.
모두 그때 거기에
나를 위해 있는 것이다.

내가 누구를 보내며 누가 우리를 위하여 갈꼬? 내가 여기 있나
이다. 나를 보내소서. Isaiah 6:8

4. 어느 때까지니이까

날마다 희망을 찾아 길을 떠난다.
아직 우리에겐 찾아야 할 희망이 있다.
이것이라도 하지 않으면
정녕 살아있다 할 수 없을 것.

가장 가난하기에
가장 어두운 땅이기에
더욱 더
희망이 필요하다.

가난하지 않으면
풍요의 축복을 모르며
어둡지 않으면
빛의 은혜를 알 수가 없다.

겪어봐야 한다.
그 땅의 한 가운데를
절망으로 더듬거리며
지나가봐야 한다.

그 속에서
고난의 노래가 불려지고

필연적으로 생겨나는
부활의 믿음이 있다.

그리고 우리는
언제나 거기에서
희망의 빛을
보아야 한다.

보이는 금줄을 두르지 않고
보이지 않는
하늘의 줄을 두른다.
그의 인을 가슴에 새긴다.

뜨거움이 없이는
추위를 녹일 수 없고
정련함이 없이는
정금이 나올 수 없다.

내가 이르되 주여 어느때까지니이까 하였더니 주께서 대답하
시되 성읍들은 황폐하여 주민이 없으며 가옥들에는 사람이 없
고 이 토지는 황폐하게 되며. Isaiah 6:11

5. 임마누엘

지금 우리에겐
희망이 필요하다.
모든 고난 속에
임마누엘이 있다.

꿈을 잉태하여
생명을 출산하고
그 생명이 자라나
역사를 이루게 된다.

어둠 속에서 일어나
빛을 가져올 생명의 아이.
그는 지금
어디에 있는가?

눈빛이 깊고
무언 중 처음부터
생명의 노래를 불러
우리를 일으키며

어둔 세상을 밝혀
진리를 증거할

그 아이를
찾아야 한다.

머리를 숙이지 말라.
나도 너희와 같은 사람이니
다만 조금 다르게 든든히 서서
같이 손을 뻗어 하늘을 받치려 하니

누구든 손을 내밀어
나와 뜻을 같이 한다면
거기에서 싹이 터 꽃을 피우고
마침내 자라나 거목이 될 것이다.

그것이 우리의 믿음이고
우리가 기다리는 꿈일 것이니
모든 꿈이 거기에서 시작되리라.
우리가 기다릴 마지막 예언이리라.

주께서 친히 징조를 너희에게 주실 것이라. 보라 처녀가 잉태
하여 아들을 낳을 것이요, 그의 이름을 임마누엘이라 하리라.
Isaiah 7:14

6. 마헬살랄 하스바스

눈앞에 있다.
멀지 않다.
속히 올 것이다.
조금만 기다리라.

그 자랑하는 영화가
얼마나 가겠느냐?
봄바람에 눈이 녹듯
녹아내릴 것이다.

밀물이 들어오면
모두 구멍으로 들어갈 것이고
썰물이 되면 다 빠져나가
급속히 망하게 될 것이다.

한번 시작된 파멸은
누구도 막지 못할 것이다.
그냥 두어라.
차라리 새로 시작해야 한다.

사람은 막으려 댐을 쌓지만
하늘은 흘리려 비를 내린다.

어느 누가 그 역사를
막아낼 수 있겠느냐?

너무 욕심 부리지 말고
적당하게 하라.
터무니없이 억지로
가두려하지 말라.

다시 시작함은
빠를수록 좋고
하다가 멈춤은
늦을수록 좋다.

다 지나가리라.
속히 무너지리라.
눈 깜짝할 사이에
하늘 뜻이 이루어지리라.

이 아이가 내 아빠, 내 엄마라 부를 줄 알기 전에 다메섹의 재
물과 사마리아의 노략물이 앗수르 왕 앞에 옮겨질 것임이라.
Isaiah 8:4

7. 실로아(Shiloah)

천천히 간다.
오래 간다.
하루 이틀 끝날
단거리가 아니다.

보이는 세상의
화려함이 아니라
보이지 않는 세계의
단순함을 찾아 간다.

겉으로 드러나는
세속의 명성이 아닌
삶의 투박함과 명료함이
내가 찾아가는 세계이다.

나의 뜻이 아니라
그의 뜻을 찾는다.
조금 늦더라도
바로 가야한다.

억지로 되는 일이 없고
급조해 되는 일이 없다.

모두 때에 따라
알맞게 이루어질 것.

깊은 밤이 지나면
밝은 여명이 오고
비바람이 끝나면
맑은 날이 찾아온다.

아침마다 나의 마음에는
세상을 밝히고
생명을 밝히는
붉은 태양이 떠오른다.

사람을 바라보지 않는다.
세상 풍조를 따르지 않는다.
하늘의 징조를 살피며
그의 앞으로 나아간다.

이 백성이 천천히 흐르는 실로아 물을 버리고 르신과 르말리
야의 아들을 기뻐하느니라. Isaiah 8:6

8. 누구에게

쓸데없는 말을
주절거리지 말라.
예 할 것은 예라 하고
아니요 할 것은 아니라 하라.

허황된 말을
입 밖에 내지 말고
허공에 뜬 환상에
속아 넘어가지 말라.

달콤한 속살거림에
현혹되지 말라.
네 입에 단 것이
뼈를 녹게 할 수 있다.

모든 것을 다 주었는데
또 무엇을 달라 하느냐?
네 안에 있는 것을 찾아
열심히 갈고 닦으라.

너의 책임을
운명에게 돌리지 말라.

네 삶을 네가 경영하지 않고
어느 누구에게 맡기려 하느냐?

내가 역사의 한가운데에 있으니
나에게로 오라.
나, 너와 하나가 되어
생명의 길을 걸으리라.

모든 것이 거기에 있다.
삶의 기쁨과 슬픔.
살아있으라.
그 안에서 살아가라.

죽은 것은 거기에 묻어버리고
너는 나를 따르라.
언제까지 너의 삶을
더럽히려 하느냐?

어떤 사람이 너희에게 말하기를 주절거리며 속살거리는 신
접한 자와 마술사에게 물으라 하거든 백성이 자기 하나님께
구할 것이 아니냐? 산 자를 위하여 죽은 자에게 구하겠느냐?
Isaiah 8:19

9. 이방의 갈릴리

역사는 낮은 데서 일어난다.
낮은 데로 물은 모이고
그 물이 모여
노도가 된다.

혁명의 땅과
변혁의 마음에
에너지가 모인다.
그것이 세상을 뒤집는다.

고여 있는 물은
썩기 마련인 것.
한 번씩 흔들어야
다시 살아난다.

바위처럼 굳은 땅은
생명이 자랄 수가 없다.
갈고 일궈야
희망이 솟는다.

지금 할 수 있는 일을 한다.
꿈을 꾸는 자들에게

하늘은 손을 내밀어
길을 열어준다.

그것이 우리의 기도이다.
아직 이 세상에는
기도를 드리는 자들이 남아있다.
그들에 의해 불이 꺼지지 않는다.

결국 역사는
민중에 의해 진행된다.
끝까지 멈추지 않으면
목적지에 이르게 된다.

그저 우리는 오늘 여기에서
그날의 기도를 드리는 것.
그리고 자리에 앉아
하늘의 뜻을 기다리는 것.

전에 고통 받던 자들에게는 흑암이 없으리로다. 옛적에는 여호
와께서 스불론 땅과 납달리 땅이 멸시를 당하게 하셨더니 후
에는 해변 길과 요단 저쪽 이방의 갈릴리를 영화롭게 하셨느
니라. Isaiah 9:1

10. 평화의 왕

거룩한 아이야,
우리를 구원하라.
희망을 선포하게 하라.
모든 것을 다시 시작하게 하라.

너를 통해
그의 역사가 일어나게 하라.
너의 존재가
세상의 희망이 되게 하라.

똑같은 길이 아니라
조금 다르게
하늘의 길을
가게 하라.

너를 보고
사람들이 웃음을 짓게 하라.
너와 같지 아니하면
하늘을 알지 못하게 하라.

다만 너로 인해
감동의 눈물이 흐르게 하라.

마음에서 뜨거운 것이
솟아오르게 하라.

말 한마디
생각 하나가
모두 하늘의 뜻이
이루어지게 하라.

너를 보면
거룩하신 이의 임재가
느껴지게 하라.
그의 향기가 풍겨나게 하라.

노래를 부르며
기도를 드리는 모든 것이
그의 그림자를 닮게 하라.
그의 앞에 무릎을 꿇게 하라.

이는 한 아기가 우리에게 났고 한 아들을 우리에게 주신 바 되
었는데 그의 어깨에 정사를 메었고 그의 이름은 기묘자라, 모
사라, 전능하신 하나님이라, 영존하시는 아버지라, 평강의 왕
이라 할 것임이라. Isaiah 9:6

11. 남은 자

누가 환난을 견디며
믿음을 지킬 것인가?
모두 제 살 길을 찾아
길을 떠나고 있다.

먹고 사는 것이
전부인 세상에서
누가 진리를 위해
목숨을 바칠 것인가?

하루를 연명하는
구차한 삶속에서
누가 생명을 위해
역사를 일으킬 것인가?

영광의 길보다
욕망의 길이 우선이다.
누가 구원을 위해
십자가를 질 것인가?

누가 사랑을 위해
자기를 던질 것인가?

사랑이 무엇이냐?
그것이 밥 먹여 준다더냐?

나는 지금
지구를 경작하고 있다.
누가 희망을 위해
나무를 심을 것인가?

사람들은 먹을 줄만 알고
심을 줄은 알지 못한다.
한 날 먹을 것을 위해
천년을 파괴하고 있다.

살아남아야 한다.
두 눈을 부릅뜨고
세상의 종말을
증언해야 한다.

12. 뿌리

살아있어야 한다.
언젠가 돌아갈 그날을 위해
지금 여기에서
생명의 숨을 쉬어야 한다.

살아있기만 하면
언젠가 거기에서
새싹이 돋아나고
꽃이 피게 될 것이다.

그것이 내가
이곳에 존재하는
한 가지 이유인 것.
다른 것은 없다.

서로 얽혀
한데 살아간다.
너로 인해 내가 살고
나로 인해 네가 산다.

우리는 모두
땅속으로 통해있다.

하나로 묶여
하늘을 향해 간다.

그에게로 돌아가야 한다.
내가 나온 곳.
내가 가야할 곳.
그 길을 잊은 적이 없다.

무서운 힘으로
땅속으로 들어간다.
넘어지지 않기 위해
흙을 품어야 한다.

그에게 나를 내려
그의 뿌리를 붙들고
날마다 기도를 드린다.
나를 드리오니 나를 받으소서!

그 날에 이새의 뿌리에서 한 싹이 나서 만민의 기치로 설 것이
요 열방이 그에게로 돌아오리니 그가 거한 곳이 영화로우리라.
Isaiah 11:10

13. 존귀한 자의 문

아무 문이나 들어갈 수 없었다.
쉴만한 곳이 아니면 쉴 수가 없었고
먹을 만한 곳이 아니면 먹지 않았다.
적어도 그것이 나의 삶이었다.

그렇게 함부로
나를 버릴 수가 없었다.
그래도 나는
하늘의 사람이었다.

거기에서 태어나
그곳으로 돌아가
그와 함께 머물렀다.
생명의 노래를 불렀다.

사람으로 한 번 태어났다면
적어도 그렇게 살아야 했다.
그렇지 아니하고 어떻게
살았다고 할 수가 있겠는가?

문을 볼 때마다
나는 그를 생각했다.

역사의 십자가를 지고
그가 걸으셨던 길.

나는 그를 따라
순례의 길을 걸어갔다.
그렇게 어느덧
한 세상이 흘렀다.

주어진 삶의 하루라도
생명의 숨을 쉬어야 했다.
그렇지 않다면
무엇을 더 바라볼 수가 있겠는가?

그 문을 넘어 다리를 걸어가니
그곳에 그가 계셨다.
오래전부터 거기에서
나를 기다리고 있었다.

너희는 민둥산 위에 기치를 세우고 소리를 높여 그들을 부르
며 손을 흔들어 그들을 존귀한 자의 문에 들어가게 하라. Isaiah
13:2

14. 계명성

세상의 희망이여.
아름다운 얼굴이여.
가장 어두울 때
가장 밝게 빛나느니

나에게는 새벽에 빛나는
그 별이 필요했다.
그를 바라보며
지금을 살아왔다.

그를 바라볼 때마다
기쁨이 솟았다.
그의 마음을
갖고 싶었다.

그의 손을 잡고
하늘에 올라가며
그와 같이
길을 걷고 싶었다.

그것이 나의 꿈이었다.
그를 처음 볼 때

나는 알았다.
그와 나는 하나임을.

그를 마음에 품고
날마다 꿈을 꾸었다.
그의 순수함으로
구원을 얻었다.

같이 노래를 부르며
같이 기도를 드렸다.
별처럼 빛나는 눈망울에
그의 눈물이 보였다.

나의 생각과
나의 마음속에
그가 함께 있었다.
나의 세상이 시작될 때부터…

너 아침의 아들 계명성이여, 어찌 그리 하늘에서 떨어졌으며
너 열국을 엎은 자여 어찌 그리 땅에 찍혔는고? Isaiah 14:12

15. 벗은 몸

아무것도 가진 것 없이
그렇게 살라고 한다.
날마다 벗는 연습을 해야 한다.
그것이 그가 원하는 것이다.

허물을 벗고
가식을 벗고
그의 앞에
서라고 한다.

그렇게 날마다
자유의 나라로 가야 한다.
거기에서 해탈의 옷을 벗고
맨 몸으로 걸어야 한다.

수치가 무엇인가?
위선의 옷을 껴입고
치장의 옷을 입음이
부끄러움이 아닌가?

세상의 욕망을 벗어버리고
그 앞에 홀로서서

나 자신을 드러내는 것이
그가 바라는 것이다.

나는 처음부터
그것을 원했다.
그것이 내가 걸어갈
숙명의 길이었다.

그것이 내게는
한없이 편했다.
다른 어떤 것도
내게 맞는 길은 아니었다.

이제 내 길을 찾아
나만의 길을 가야한다.
아무것도 없는
그 길을 걸어야 한다.

갈지어다. 네 허리에서 베를 끄르고 네 발에서 신을 벗을 지니
라 하시매 그가 그대로 하여 벗은 몸과 벗은 발로 다니니라.
Isaiah 20:2

16. 바벨론

영광을 자랑하던
아름다운 땅이었다.
그 무엇보다 뛰어난 사람들이
거기에 살았다.

최고를 달리던 땅.
그에 비하면
다른 모든 것은
한낱 초라했다.

수많은 노예들이
궁성을 지었고
술틀에는 향기로운
포도주가 넘쳐났다.

그것이 그의 자랑이었다.
그것이 그의 전부였던가?
그 외엔 다른 아무것도
눈에 보이지 않았던가?

그는 자신을 증명해야 했다.
인간의 영화가

한낱 바람 앞에 촛불이며
티끌과 같은 먼지임을.

그렇게 그는 무너졌다.
인간의 부귀는
연기처럼 사라지는
한줌의 모래와 같았다.

이제 그의 노래는
슬픔의 소리가 되었고
억울한 자들의 부르짖음이
세상을 뒤흔들었다.

지금은 사라진 흔적만 있고
오래전 보였던
폐허의 잔해만 남은
허무한 도성이 되었다.

함락되었도다 함락되었도다 바벨론이여. 그들이 조각한 신상
들이 다 부서져 땅에 떨어졌도다. Isaiah 21:9

17. 환상곡

날마다
그 속에서 살아간다.
보이는 세상에서
보이지 않는 것을 본다.

보이는 것이
전부가 아니니
보이는 것보다
더 많은 것이 그 속에 있다.

보이지 않는 것 속에서
보이는 것을 본다.
나는 언제나
거기에 있다.

보이지 않는 것은
보이는 것을 이끌고
보이는 것은
보이지 않는 것의 표상이다.

들리지 않는 소리를 듣고
이루지 못할 꿈을 꾼다.

이것이 나의 자유이며
내가 살아가는 힘이다.

환상의 골짜기에서
환상의 노래를 부른다.
아름다운 골짜기에
기도가 시작될 것이다.

마지막이 올 것이다.
모두가 소리를 지를 것이다.
그날이 시작되면
아무도 돌이킬 수 없을 것이다.

보는 자는
외칠 것이고
듣는 자는
살아날 것이다.

환상의 골짜기에 주 만군의 여호와께로부터 이르는 소란과 밟
힘과 혼란의 날이여, 성벽의 무너뜨림과 산악에 사무쳐 부르짖
는 소리로다. Isaiah 22:5

18. 정의의 하나님

차마 눈을 뜨고는
볼 수가 없었다.
추악한 인간들의 욕망과
거짓으로 가득 찬 인생들.

반드시 마지막이 있어야 했다.
그렇지 않으면
그것은 너무
불공평하다.

마음을 판단하시는 이가
생각을 아실 것이다.
그 앞에서는
어떤 것도 감출 수가 없다.

무엇으로 삶을 살아가려는가?
경건의 길이 아니라면
결국은 멸망으로
마치게 될 것이니

생명으로 시작을 했다가
죄악으로 마치려는가?

그의 열매로
마지막을 알게 될 것이다.

그러하니 올바른 길이 아니라면
걷지를 말고
의로운 것이 아니라면
따르지 말라.

한 순간에
천 길로 떨어질 것이니
날마다 하늘 앞에 앉아
자신을 살펴야 하리라.

산 것이 살아있는 것이 아니요
죽은 것이 죽어있는 것이 아니니
네가 원하지 않는 것을
이웃에게 행하지 말라.

여호와께서 기다리시나니 이는 너희에게 은혜를 베풀려 하심
이요 일어나시리니 이는 너희를 긍휼히 여기려 하심이라 대저
여호와는 정의의 하나님이심이라 그를 기다리는 자는 복이 있
도다. Isaiah 30:18

19. 화 있으라

전쟁에 미친 자는
폐허로 마칠 것이고
욕심이 가득한 자는
배가 터지게 되리라.

심은 대로
거둘 것이니
자신이 살아온 대로
마침내 거두게 되리라.

하늘 앞에 바로 서지 않고
자신의 힘을 의지하는 자는
그것으로 망하게 될 것이다.
스스로 일어설 수 없으리라.

사랑을 심지 않고
동족을 학대하는 자는
자신을 망치는 것이요
자신을 해치는 것이다.

자기 배만 채우고
자기 자식만 아는 자들은

독을 주어 심게 되는 것이니
결국은 슬피 울며 이를 갈게 되리라.

반드시 그가 갚으실 것이다.
한 번의 폭력과
한 번의 학대도
결코 잊지 않으시리라.

그러나 자비를 심고
평화를 심는 자들은
하늘의 위로를 받으리라.
하늘의 사람이 될 것이다.

네 땅을 딛고
든든히 서서
너의 자리에서
선을 행하라.

도움을 구하러 애굽으로 내려가는 자들은 화 있을진저. 그들은
말을 의지하며 병거의 많음과 마병의 심히 강함을 의지하고
이스라엘의 거룩하신 이를 앙모하지 아니하며 여호와를 구하
지 아니하니. Isaiah 31:1

20. 거룩한 길

그렇게 마지막을
마치고 싶었다.
영광의 길을 걸어가다
완성을 이루고 싶었다.

눈에서 눈물이 그치고
입에서 기도가 멈출 때
그를 따르는 길은
끝나게 될 것이다.

나 자신을 내려놓고
날마다 피를 흘리며
그와 함께
길을 걸어간다.

그의 마음을 가지고
그의 형상을 이루어
마침내 뜻을 이루고
하늘에 이를 것이다.

참는 것이 아니라
초월의 길이요

결핍이 아니라
자족의 길이다.

길을 걸어갈 때는
사는 것이 기쁨이요
숨을 쉬는 것이
그의 은혜이다.

아무나 갈 수 없고
오직 택함 받은 자만 갈 수 있는
마침내 목표에 이르러
끝에 닿을 것이다.

날마다 성수로 얼굴을 씻고
거기에 무릎을 꿇을 것이다.
그렇게 그 마지막을
불로 태울 것이다.

거기에 대로가 있어 그 길을 거룩한 길이라 일컫는바 되리니
깨끗하지 못한 자는 지나가지 못하겠고 오직 구속함을 입은
자들을 위하여 있게 될 것이라. Isaiah 35:8

21. 십오 년

조금만 더
시간을 주십시오.
10년은 열심히 살고
5년은 덤으로 살겠습니다.

하여 15년,
5,000번의 뜨는 태양을 맞이하고
5,000번의 지는 태양을 고이 보내드리며
그렇게 남은 인생의 베를 짜겠습니다.

그만큼만 살겠습니다.
더 이상 미련을 두지 않고
더 이상 욕심을 부리지 않고
더 이상 아무것도 바라지 않겠습니다.

하루를 천년처럼
천년을 하루처럼
정성을 다하여
생명을 사랑하겠습니다.

한 걸음도 헛되이 걷지 않고
한 올의 숨도 헛되이 쉬지 않으며

입에서 나오는 한 말도
허투루 내뱉지 않겠습니다.

나는 죽고 주님만 살아
내 안에서 주님이 말하고
내 안에 주님의 마음을
고이 간직하겠습니다.

내가 가진 모든 것,
나의 것은 아니지만
모두 다 나누어 주어
하나도 남아있게 하지 않겠습니다.

그리고 마지막에 당신 앞에 나아가
거기에 모든 것을 내려놓고
나의 순수한 마음만
당신께 바치겠습니다.

너는 가서 히스기야에게 이르기를 네 조상 다윗의 하나님 여
호와께서 이같이 말씀하시기를 내가 네 기도를 들었고 네 눈
물을 보았노라. 내가 네 수한에 15년을 더하고. Isaiah 38:5

22. 광야에서

너무 멀리 나왔습니다.
원래 거기에 있어야 했는데
거기에서 부름을 받았는데
그곳을 잃어버렸습니다.

세상에서 사는 것이
너무나 좋았습니다.
그렇게 한 번 멋지게
살아보고 싶었습니다.

거기에서 부름을 받아
하늘의 역사를 보았는데
육신의 욕망과 영광을 찾아
당신을 떠나왔습니다.

거기에 당신이 계시고
거기에서 하늘의 소리를 들었는데
그곳을 잃어버리고
헛된 곳을 헤매고 있었습니다.

그곳으로 돌아가
다시 시작해야 하겠습니다.

내가 있어야 할 곳.
내가 태어났던 곳.

그곳을 향해
피 흘리는 투쟁의 길을 걸어
아득히 먼 길을 돌아
당신께로 돌아가야 하겠습니다.

그것이 내가 받은
사명의 길이었습니다.
그렇게 살아야 되었습니다.
거기에서 당신을 만나야 되었습니다.

거기에서 다시 시작하겠습니다.
날마다 당신 앞에 나아가
당신의 깊은 소리를 들으며
하늘의 노래를 부르겠습니다.

외치는 자의 소리여 이르되 너희는 광야에서 여호와의 길을
예비하라. 사막에서 우리 하나님의 대로를 평탄케 하라. Isaiah
40:3

23. 동방에서

동방의 귀인이 이르러
새 역사를 일으키리라.
하늘에 구름이 일어나
생명의 비를 내리리라.

그 앞에
나아오는 자에게
꿈과 사랑을 심으리라.
희망의 열매를 맺게 하리라.

태양이 떠오르는 그곳에서
빛이 시작되리라.
새로운 창조의
역사가 일어나리라.

거기에서부터
모두가 기다리던
새로운 시대가
열리게 되리라.

수많은 영혼들이
다시 일어서서

하늘의 역사를
맛보게 되리라.

보는 자만 부를 수 있는
영혼의 노래를 부르리라.
모두가 감동의
눈물을 흘리리라.

듣는 자만 말할 수 있는
생명의 언어를 말하리라.
닫혔던 마음이 열리고
아픈 상처가 치유되리라.

걷는 자만 이를 수 있는
젖과 꿀이 흐르는 땅,
그 마지막 관문을
통과하게 되리라.

누가 동방에서 사람을 일깨워서 공의로 그를 불러 자기 발 앞
에 이르게 하였느냐? Isaiah 41:2

24. 나의 종(my servant)

나는 당신의 종놈입니다.
당신이 주신대로 먹고
당신의 말씀대로 따르며
당신의 가신 길을 걷겠습니다.

날마다 당신께 매달립니다.
말씀만 하옵소서!
종놈이 듣겠나이다.
끝까지 당신을 놓지 않겠습니다.

당신을 따라 길을 걷겠습니다.
운명처럼 주어진 길을 걸으며
아무런 자기주장도 하지 않고
묵묵히 하늘의 길을 걸어가겠습니다.

종놈이 어떻게 화를 냅니까?
말하고 싶어도 말하지 않으며
화가 솟아오를 때도 참아내며
별스런 재미가 없어도 최선을 다하겠습니다.

더 이상 삶의 의미도 없고
특별한 살아가는 의미가 없어도

다른 것을 선택할 자유가 없습니다.
그저 주어진 임무를 다할 뿐입니다.

어둠 속에서 나를 불러내어
세상의 빛을 삼으셨으니
그 은혜에 감사하며
생명의 노래를 부르겠습니다.

나는 세상의 종도 아니고
오만한 권력의 종도 아니며
더구나 소유와 물질의 종이 아니니
당신의 이름만으로 만족하겠습니다.

아무런 힘도 없는 종놈이지만
그러나 눈빛은 살아있어
하늘의 징조를 분별하여
세상에 희망을 전하겠습니다.

내가 땅 끝에서부터 너를 붙들며 땅 모퉁이에서부터 너를 부
르고 내게 이르기를 너는 나의 종이라. 내가 너를 택하고 싫어
하여 버리지 아니하였다 하였노라. Isaiah 41:9

25. 나의 영 (my Spirit)

육은 땅에서 왔으나
영은 하늘에서 왔으니
그 하늘이 모여
영을 이루게 된다.

육은 밥을 먹지만
영은 진리를 먹는 것.
하여 사람은
떡으로만 사는 것이 아니다.

역사가 밥으로
바꿔지는 것이라면
이 땅에 영이 존재할
필요가 없으리라.

하여 무엇이
우리의 희망이 되는가?
무엇이 역사의 변혁을
이끌어낼 수 있을 것인가?

진리의 영은
수행의 영이다.

날마다 씻지 않으면
마음이 깨끗해 질 수 없다.

덕지덕지 분을 바르고
고양이 손톱을 길러서
거룩한 생명을
만들어갈 수 있겠는가?

버리고 가난하지 않으면
하늘의 영을 가질 수 없는 것.
그래서 나는 오늘도
광야로 가는 것이다.

사랑의 영을 불태워
하늘에 드린다.
이렇게 살다가 마침내
하늘로 돌아가는 것이다.

내가 붙드는 나의 종, 내 마음에 기뻐하는 자 곧 내가 택한 사
람을 보라. 내가 나의 영을 그에게 주었은즉 그가 이방에 정의
를 베풀리라. Isaiah 42:1

26. 새 노래

노를 저어라.
건너편으로 가자.
아무도 가지 않는 곳.
거기에서 역사가 펼쳐진다.

건너는 자만이
새 땅을 밟을 수 있고
수고한 자만이
열매를 맛볼 수 있는 것.

들은 자만이
노래를 부를 수 있고
본 자만이
그림을 그릴 수 있는 것.

죽음 속에서
부활의 노래를 부르고
절망 속에서
희망의 기도를 드린다.

이것이 우리가
이 땅에서 할 수 있는 최선의 일이니

이 외에 우리가
무엇을 할 수가 있겠는가?

가장 약한 곳에서
역사가 일어나고
아무도 보지 않는 곳에서
새싹이 돋아난다.

이렇게 노래를 부르면
언젠가 현실이 될 것인가?
이것이 우리가 할 수 있는
유일한 할 일인 것이니

아무도 부르지 않고
누구도 해보지 않은
가장 아름다운 노래,
그 노래를 부르는 것이다.

항해하는 자들과 바다 가운데의 만물과 섬들과 거기에 사는
사람들아. 여호와께 새 노래로 노래하며 땅 끝에서부터 찬송하
라. Isaiah 42:10

27. 해산

날마다 태어나게 한다.
사랑의 씨앗을 심어
생명을 만들어 낸다.
세상에 존재하는 가장 거룩한 일.

잉태한 것 없이
열매가 있겠는가?
하여 나는 매일
희망을 가슴에 품는다.

그것은 살아있다는 것이요
부름을 받았다는 것이다.
매일 산에서 내려와
세상으로 나아간다.

기도의 씨를 뿌려
역사를 거둔다.
살아있는 자는
무언가를 해야 한다.

아픔 없이 태어난
생명이 없으니

고난이 오면
희열도 있을 것.

광야로 나아가
부활을 이룬다.
나아갈 수 있다는 것은
용기가 있다는 것이다.

그러니 고통이여,
나에게 오라.
나, 너를 친구삼아
하늘의 노래를 부르리라.

마지막 한계를 넘어
자유에 들어가리라.
영혼의 손을 잡고
하늘에 오르리라.

내가 오랫동안 조용하며 잠잠하고 참았으나 내가 해산하는 여
인 같이 부르짖으리니 숨이 차서 심히 헐떡일 것이라. Isaiah
42:14

28. 깬 사람

깬 사람이 민중이다.
그는 정신이 살아있어
세상의 역사를 변혁시키며
그를 통해 하늘이 움직인다.

깨어있는 사람이
삶의 수행자이다.
그는 자기 삶을
완성으로 이끌어간다.

하늘의 부름을 받고
길을 걸어가는 자가 사명자다.
그는 자기가 해야 할 일과
하지 않아야 할 일을 안다.

하늘의 소리를 듣고
깨달은 사람이 예언자다.
그는 자기가 해야 할 말과
하지 않아야 할 말을 안다.

역사를 살피며
정도를 걸어가는 자가 선각자다.

그는 광야에 서서
홀로 하늘을 바라본다.

자기의 삶을
물끄러미 바라보는 자가 명상가다.
세상에는 알고 살아가는 사람과
알지 못하고 살아가는 사람이 있다.

자기의 삶은
자기가 선택한다.
자기의 오줌은
자기가 먹는다.

욕망의 아귀다툼 속에서
자기의 삶을 마칠 것인가?
아니면 구름 위에 올라
하늘의 삶을 살아갈 것인가?

여호와의 손에서 그의 분노의 잔을 마신 예루살렘이여, 깰지
어다 깰지어다 일어설지어다 네가 이미 비틀걸음치게 하는 큰
잔을 마셔 다 비웠도다. Isaiah 51:17

29. 떠날지어다

고백이 없는 글은
감동이 없다.
다만 언어의
유희에 불과할 뿐.

기도가 아닌 삶은
응답이 없다.
뜻이 없기에
이룰 것도 없다.

수행이 없는 믿음은
신기루에 불과하다.
자신을 보지 못하고
무엇을 본다 하겠는가?

거룩함이 없는 예배는
자신의 만족에 불과하다.
가지고 놀 것이 없어
우상을 숭배하는가?

날마다 떠나지 않으면
거기에 붙잡혀 굳어진다.

다시는 떠날 수 없는
바벨탑을 쌓는다.

무엇을 찾아 떠나는가?
잡을 수 없는 허상이
마음에 가득하니
풍선처럼 바람에 떠다닌다.

떠오르는 생각이 둥지를 트니
형상의 옷을 입고 날개를 단다.
내 입술의 노래가
나의 현실이 된다.

초점을 모아 집중하면
열정의 불이 일어나니
내가 거하는 방에
거룩한 불을 피운다.

너희는 떠날지어다 떠날지어다 거기서 나오고 부정한 것을 만
지지 말지어다. 그 가운데에서 나올지어다. 여호와의 기구를
메는 자들이여, 스스로 정결하게 할지어다. Isaiah 52:11

30. 연한 순

날마다 그 앞에
마음을 드린다.
드릴 것이 없음은
그만큼 더러워진 것.

무엇을 드릴 것인가?
드릴 것을 준비해야 한다.
내가 생각하는 가장 귀한 것.
곱게 빗어 내린 머리칼.

그 앞에 나아갈 때마다
마음을 빗어
그 앞에 가지런히
나의 발을 놓는다.

그를 향하여 걷는 발길.
신발을 벗어버린 맨발로
어둠을 깬 아침마다
그의 성소를 향한다.

그가 거기에 있다는 그것만으로
한없이 마음이 부드러워진다.

그것만으로 족하다.
무엇을 더 원하는가?

깊숙이 간직한 그 형상을 떠올리며
조용히 두 눈을 감는다.
아득히 떠오르는 그리움.
그가 하늘 아래에 있다.

그래, 이것이다.
이것으로 나는
오늘을 살아간다.
이것이 나의 기쁨이다.

그러다가 언젠가
나의 하늘로 돌아가는 것이다.
더 이상의 욕망을 버리고
육신의 옷을 벗는 것이다.

그는 주 앞에서 자라나기를 연한 순 같고 마른 땅에서 나온 뿌
리 같아서 고운 모양도 없고 풍채도 없은즉 우리가 보기에 흠
모할 만한 아름다운 것이 없도다. Isaiah 53:2

31. 떨어지지 않는 사랑

자기를 버리는 사랑은
변함이 없다.
눈물을 흘리는 사랑은
실패한 적이 없다.

그렇게 사랑을 한다.
실패를 두려워하지 않고
사랑의 나무를 심는다.
언젠가 열매를 맺으리라.

지금은 아니라도
지금 이루어지지 않더라도
꽃이 피는 날이면
반드시 열매가 있다.

사랑은 실패가 없다.
사랑은 떨어지지 않는다.
거기까지 그만큼
성공한 것이다.

날마다 성공하라.
거기까지 그만큼만

사랑을 이루어내라.
그때까지 참아내라.

마지막까지 참는 자가
승리를 얻는 것이다.
그렇다면 결국은
시간의 문제이다.

흔들리지 말라.
물러서지 말라.
거기에서 죽으라.
부활을 이루어내라.

그것이 우리의 소망이니
그것을 기다리며
지금 거기에서
기도를 드리라.

산들이 떠나며 언덕들은 옮겨질지라도 나의 자비는 네게서 떠
나지 아니하며 나의 화평의 언약은 흔들리지 아니하리라. 너를
긍휼히 여기시는 여호와께서 말씀하셨느니라. Isaiah 54:10

32. 가까이

언제나 그는 거기에 계신다.
한 번도 떠난 적이 없다.
다만 떠났다면
우리가 떠난 것이다.

그는 버리려 했고
우리는 얻으려 했다.
우리는 오르려 했고
그는 내려오려 했다.

우리는 갖으려 했고
그는 내주려고 했다.
우리는 머물려 했고
그는 걸어가려 했다.

여기가 좋은가?
언제까지 여기에서 살고 싶은가?
이대로 끝까지
영원의 성을 쌓고 싶은가?

그와 함께 걸어가는
순례의 도상에서

그의 숨결을 느낀다.
그의 사랑이 배어있다.

그는 그 속에 계신다.
우리와 함께
역사의 고통 속에서
고난의 잔을 마신다.

지금 아프고
지금 힘든가?
그것은 바로 그가
가까이 계시다는 것이다.

찾는 자가 찾을 것이요
구하는 자가 얻을 것이다.
귀를 열고 기울이는 자에게
하늘의 소리가 들려올 것이다.

너희는 여호와를 만날 만한 때에 찾으라. 가까이 계실 때에 그를 부르라. Isaiah 55:6

33. 성 산(The holy mountain)

이곳을 찾을 때마다
가슴이 설렌다.
내가 태어났던 곳.
내가 돌아가야 할 곳.

그가 거기에서
나를 기다린다.
구름 같은 눈을 덮고
영원으로 들어간다.

날리는 눈보라에
욕망을 씻어낸다.
그의 품속에서
너무 시원하다.

기도 없이는
들어오지 말고
옷깃을 여밈 없이는
걸음을 옮기지 말라.

이곳에 또 하나의
쓰레기를 남기지 말라.

이곳을 너의 족적으로
더럽히지 말라.

모든 것을 덮어버린다.
눈을 들 수가 없는
아픔의 과거.
더러운 허물.

그리하여 이것이
내가 여기를 찾는 이유이다.
은혜의 인도함 없이는
들어올 수가 없다.

자리에 앉아 기도를 드린다.
언제까지 끝나지 않는
마지막 남아있는
목표를 생각한다.

내가 곧 그들을 나의 성산으로 인도하여 기도하는 내 집에서
그들을 기쁘게 할 것이며 그들의 번제와 희생을 나의 제단에
서 기꺼이 받게 되리니 이는 내 집은 만민의 기도하는 집이라
일컬음이 될 것임이라. Isaiah 56:7

34. 금식

욕망을 끊으라.
가증한 일을 버리고
압제를 금하라.
멍에를 벗기라.

주린 자에게
양식을 나누라.
유리하는 빈민을
집에 들이라.

그리하면 네 빛이
새벽 같이 비칠 것이고
네 치유가 급속할 것이며
영광이 네 위에 있으리라.

네가 부를 때에
내가 응답하겠고
네가 부르짖을 때에
내가 여기 있다 하리라.

세상에 보여주는 것이 아닌
하늘에 보여주는 것이며

겸손하게 뱃속을 비우고
하늘 앞에 나가는 것이다.

뱃속을 비우는 것은
욕심을 비우는 것이고
마음을 하늘로
가득 채우는 것이다.

하늘에 굶주린 것이고
하늘에 목마른 것이다.
진리를 기다리며
그것을 찾는 것이다.

오로지 하늘의 생각을
충만하게 채우는 것이다.
그러면 그가 들어와
역사를 일으키실 것이다.

내가 기뻐하는 금식은 흉악(injustice)의 결박을 풀어주며 멍에
의 줄을 끌러주며 압제 당하는 자를 자유하게 하며 모든 멍에
를 꺾는 것이 아니겠느냐? Isaiah 58:6

35. 일어나라

그렇게 살 수 없었습니다.
아무것도 아닌 것이
무엇이나 가지고
마음대로 쓸 수 있는 것처럼

하늘 무서운 줄 모르고
천방지축 날뛰면서
하늘까지 높아진 듯
아무런 생각도 없이

일말의 거리낌도 없고
조그만 부끄럼도 없이
그렇게 매일을
살아왔습니다.

조심조심 한 걸음씩
발걸음을 옮기며
무슨 생각이 지나가는지
물끄러미 살피면서

백년의 수행 속에서
진중하게 살아야 할 터인데

티끌처럼 가볍게 말을 뱉으며
마음을 간직하지 못했습니다.

이제 때가 되었습니다.
하늘로부터
한 말씀이 내려왔습니다.
일어나라! 빛을 발하라.

나는 깊은 잠에서
깨어나야 되었습니다.
오랜 자리에서 일어나
소리를 맞이해야 되었습니다.

한 번도 걸어보지 못한 곳에
길을 내야 되었습니다.
내가 걸어가면 그곳이
길이 되었습니다.

일어나라 빛을 발하라 이는 네 빛이 이르렀고 여호와의 영광
이 네 위에 임하였음이니라. Isaiah 60:1

36. 마음이 상한 자

하늘을 바라보면 마음이 캄캄하고
세상을 바라보면 화가 치솟는다.
어디로 가야 할지,
앞이 보이지 않는다.

아무런 희망이 없다.
살아갈 이유도 없다.
삶의 목표도 없고
생의 기쁨도 없다.

그만 세상을 떠나야 한다.
이렇게 살아야 되는 것인지,
무엇을 위해 살아야 되는지,
아무것도 보이지 않는다.

어둠의 기운이 내리누르고
살아갈 목적을 잃어버렸다.
그때가 바로
하늘이 역사할 때,

타인에 대해 눈을 감고
자신에 대해 눈을 뜬다.

여기에 희망이 있었다.
이것만이 내가 할 수 있었다.

있는 자리에서
기도를 드리는 것.
그때 거기에서
마음의 눈을 뜨는 것.

나에게 남아있는
한 가지 일이 있다면
아직도 나는
살아갈 이유가 있다.

생명의 하늘을 바라보며
끝나지 않는 노래를 부르는 것.
그렇게 살다가 마침내
한 올의 바람이 되는 것.

주 여호와의 영이 내게 내리셨으니 이는 여호와께서 내게 기
름을 부으사 가난한 자에게 아름다운 소식을 전하게 하려 하
심이라. 나를 보내사 마음이 상한 자를 고치며 포로 된 자에게
자유를, 갇힌 자에게 놓임을 선포하며. Isaiah 61:1

37. 헵시바(Hephzibah)

아름다운 이름이다.
언제나 만나고 싶어
하늘을 바라보며
기다리는 이름이다.

눈을 열고 기다린다.
마음을 열고 기도를 드린다.
기도하며 기다리는 자에게
마침내 기적은 일어날 것.

나를 향해
노래를 부르는 사람이 있다는 것.
같은 하늘 아래에서
같은 하늘을 바라본다는 것.

그것만 해도
나는 웃음을 지을 수 있다.
한줄기 바람 앞에
촛불을 놓을 수 있다.

아직도 세상은
살아갈만한 이유가 있다.

그렇게 쉽게
포기할 수가 없다.

그 안에 나의 기쁨이 있다.
나에게 들리는 소리.
그가 나를 기억하며
노래를 부르고 있다.

그가 거기에서
기도를 드리고 있다.
모든 것을 받아들이며
웃음을 짓고 있다.

언젠가 얼굴을 마주대고
같이 노래를 부를 것이다.
그와 함께 사랑의
연주를 하게 될 것이다.

다시는 너를 버림받은 자(deserted)라 부르지 아니하며 다시는
네 땅을 황무지(desolate)라 부르지 아니하고 오직 너를 헵시
바라 하며 네 땅을 뿔라(Beulah)라 하리니 이는 여호와께서 너
를 기뻐하실 것이며 네 땅이 결혼한 것처럼 될 것임이라. Isaiah
62:4

38. 토기장이

나를 빚으소서!
당신의 생수를 담아
갈한 영혼에게 나누는
항아리가 되겠습니다.

한 번 먹고 버리는
하찮은 질그릇이라도
당신이 쓰신다면
기꺼이 드리겠습니다.

당신의 발에 밟혀
부드러운 진흙이 된다면
그것이 나의 기쁨이오니
나를 만드소서!

천도의 불에 수없이 구워져
천년의 빛을 내는 자기가 되어
당신의 보화를 담을 수 있다면
그것이 나의 소원입니다.

원래 흙에서 왔다가
다시 흙으로 돌아가는

한 덩이 먼지일 것인데
당신이 이렇게 만드셨습니다.

당신의 숨결을 주시어
날마다 하늘의 노래를 부르게 하시니
더 이상 나에겐
여한이 없습니다.

당신의 빛은
나의 기도이며
내 안에 비어있는 허공은
당신을 위한 공간입니다.

내 안에 들어오소서!
나를 비추소서!
그리하여 언제까지나
당신의 노래가 되게 하소서!

이제 주는 우리 아버지시니이다. 우리는 진흙이요 주는 토기장
이시니 우리는 다 주의 손으로 지으신 것이니이다. Isaiah 64:8

2 장

눈물의 노래

39. 무엇을 보느냐

떠오르는 태양을 보나이다.
날마다 가슴에서 살아나는
생명의 근원.
그가 있기에 내가 있나이다.

하늘을 덮는 구름을 보나이다.
가끔씩 열어주는 그 가슴 속에서
맛보는 신비의 존재.
우리는 그 속에서 살아가나이다.

정상에서 불어오는 바람을 보나이다.
멀리 나를 부르는 광야의 바람.
차디찬 눈보라를 맞으며
나의 길을 걸어가나이다.

바람에 펄럭이는 깃발을 보나이다.
무엇을 날리고 싶어
저렇게 마음을 찢는 것인가요?
이렇게 찢어져야 속살이 보이나이다.

사슴 같은 아이들의 눈망울을 보나이다.
사랑이 그립고

손길이 그리워
하늘을 바라보는 아이들.

삶의 애환에 지친 얼굴들을 보나이다.
어제의 우리가
오늘의 여기에 내려와
나의 가슴에 파고드나이다.

구름 너머 솟아있는 오래 된 산들.
그곳은 마음의 고향이나이다.
우리가 걸어갈 희망의 본류.
그곳은 언제까지 이 땅에 남아있어야 되나이다.

나를 바라보는 당신의 눈길을 보나이다.
당신의 시선이
머무르는 그곳에서
나도 그곳을 바라보고 있나이다.

네가 무엇을 보느냐? 내가 살구나무 가지를 보나이다. Jeremiah
1:11

40. 끓는 가마

머리만 큰
배불뚝이들이
늘어져 앉아있다.
조금도 걷지 않는다.

아랫목에 즐비하게 눕는다.
이대로 죽어도 좋다.
편한 게
좋은 것.

먹고 싶어
가리지 않는다.
하늘이 원하는 일에는
아무런 관심이 없다.

온갖 쓰레기들로
뱃속이 가득하다.
든든한게 좋은 것이고
먹어야 힘이 난다.

하늘은 버리라 하셨는데
그들은 채우라 한다.

오물을 산처럼 쌓아놓고
자손대대로 물려준다.

먹다먹다 남는 것은
발로 밟아버린다.
조금도 나눌 필요가 없다.
거지 근성만 키우는 것이다.

생명을 똥으로 만드는 것이
그들의 일이다.
힘들게 천국에 가는 것보다
편하게 지옥에 가는 게 좋다.

날로 뜨거워지는 지구는
한쪽으로 기울어 있다.
언제 끓는 기름이 쏟아질지
아무도 알지 못한 채…

네가 무엇을 보느냐? 끓는 가마를 보나이다. 그 윗면이 북에서
부터 기울어졌나이다. Jeremiah 1:13

41. 첫 열매

아무것도 없는데서
꽃이 피었사오니
기적중의 기적이요
신비중의 신비입니다.

눈을 뜨고
당신의 역사를 봅니다.
감격의 눈물이
흘러내립니다.

아직 나에게는
아무런 열매가 없습니다.
마지막 기도를 모아
당신께 올립니다.

당신의 역사를 목격하고
당신의 생명을 체험하니
그것을 믿고
앞으로 나아갑니다.

끝까지
기다리겠습니다.

우리가 그 역사의
첫 열매가 되겠습니다.

처음의 그 역사를
우리의 눈으로 보았습니다.
우리는 당신의 사람이요
우리는 당신의 증인입니다.

모두다 처음이요
누구도 처음입니다.
모든 것을 처음으로 만나니
사랑으로 대합니다.

그 첫 열매를
마음에 간직합니다.
한번에 먹어버리고
소멸할 수가 없습니다.

이스라엘은 여호와를 위한 성물 곧 그의 소산 중 첫 열매이니
그를 삼키는 자면 모두 벌을 받아 재앙이 그들에게 닥치리라.
Jeremiah 2:3

42. 배역

누구도 미끄러질 수 있다.
아무도 완성한 자는 없다.
그렇게 마지막까지 우리는
칼날 위에서 살아간다.

하여 우리는
기도를 올리지 않을 수 없고
날마다 자신을 쳐서
하늘에 드리지 않을 수 없다.

조금만 한 눈을 팔면
천길 나락으로 떨어지니
조금도 헛생각을 할 수가 없고
매일의 수행을 버릴 수가 없다.

날마다 그에게로
가까이 나아가야 한다.
침묵의 자리에 앉아
자신을 바라보아야 한다.

자신의 결과는
자신이 책임져야 한다.

자신의 삶은
자신이 살아가야 한다.

갑자기 축복이 올 수가 없고
심지 않은데서 거둘 수가 없다.
어쩌다 생기는 것은
자신에게 독이 된다.

또 그것을 바라게 되고
요행의 복권을 사게 된다.
그것이 너의 믿음인가?
이것이 나의 믿음이다.

날마다 그에게로 돌아간다.
마음을 쳐서
그에게로 나아간다.
마음을 드려 그를 생각한다.

배역한 자식들아, 돌아오라. 내가 너희의 배역함을 고치리라.
Jeremiah 3:22

43. 썩은 띠

썩은 띠로는
수치를 가릴 수가 없다.
무엇으로 너의 허리를
동여맬 수 있겠느냐?

마음이 썩어가니
뿌리도 썩어간다.
역사의 대지에
뿌리가 없다.

정처없이 세월따라
이리저리 흘러가니
언제 나락으로 떨어질지
아무도 알지 못한다.

살아야 한다.
정신이 살아야 하고
영혼이 살아야 한다.
하늘의 노래를 불러야 한다.

두 눈을 부릅뜨고
역사의 진실을 살펴야 한다.

시대가 어디로 가야할지,
우리의 어깨에 달려있다.

든든히 메고 가야 한다.
아무도 메지 않으려는
역사의 십자가를 지고
주어진 길을 걸어야 한다.

허리를 동여매고
사명의 길을 걸어야 한다.
묵묵히 주어진 길을
기도로 걸어야 한다.

사는 것이 기도요
먹는 것이 기도이니
기도 아닌 것이 없고
소원 아닌 것이 없다.

내가 유브라데로 가서 그 감추었던 곳을 파고 띠를 가져오니
띠가 썩어서 쓸 수 없게 되었더라. Jeremiah 13:7

44. 외로운 가지

그를 기다린다.
나에게 찾아와 나를 불러주신 분.
세상의 모든 것을 내려놓고
그를 따라 왔다.

무언가 그리워
마음이 끝이 없어
무어라도 먹어서
배를 채워야 했다.

생명을 마시고
진리를 먹어도
내 깊은 마음은
채워질 수 없었다.

솟아오르는 열정의
마음을 쓰다듬어
고요히 잠재워줄
그 무엇이 필요했다.

자리에 앉아
그를 생각하고

그의 말씀을 새겨도
따뜻한 손길이 그리웠다.

이렇게 살다가
하늘로 돌아가는 것인지,
숨겨진 욕정대로 따르면
나락으로 떨어질 것이다.

하여 날마다 마음을 졸이며
그 앞에 나아간다.
그가 지키지 않으면
언제라도 없음이다.

아무것도 없다.
표적도 업적도
그 앞을 떠나면
아무것도 아닌 것이다.

보라, 때가 이르리니 내가 다윗에게 한 의로운 가지를 일으킬
것이라. Jeremiah 23:5

45. 칠 십 년

그렇게 쉽게 마지막이
오지는 않을 것이다.
거기에서 자리를 내리고
때를 기다려야 한다.

땅을 기경하고
나무를 심어야 한다.
어디에 있든지
할 일을 해야 한다.

때를 기다리며
하늘만 바라볼 수 없다.
주춧돌을 세우고
집을 지어야 한다.

피눈물을 흘리며
고통을 이겨내야 한다.
고난 없는 영광이
내려온 적이 없다.

이를 악물고
참아내야 한다.

부끄럼을 이겨내며
다리 밑을 걸어야 한다.

너희가 하늘을 버렸을 때
그것까지 각오해야 했다.
열락의 순간은 잠깐이지만
죄의 결과는 억겁인 것이니

그 업보를 다 갚고
너희가 정결하게 되기까지는
그 땅에서 나올 수가 없을 것이다.
그것을 다 갚아내야 한다.

날마다 죄의 비늘을 벗겨내며
마음의 거울을 닦아내라.
거기에 자신을 비추어
하늘이 나타나게 하라.

이 모든 땅이 폐허가 되어 놀랄 일이 될 것이며 이 민족들은 칠
십 년 동안 바벨론의 왕을 섬길 것이라. Jeremiah 25:11

46. 애곡하라

지금 무엇을 하고 있느냐?
숨을 쉬고 있습니다.
무엇을 위해 숨을 쉬고 있느냐?
그렇게 가쁜 숨을 몰아 쉬어 무엇을 하려고 하느냐?

밥을 먹고 있습니다.
무엇을 위해 밥을 먹고 있느냐?
그렇게 배가 부르도록 밥을 처먹어
무엇을 하려고 하는 것이냐?

똥을 싸고 있습니다.
그래, 잘 싸야지.
못 싸면 죽는 것이니
생명의 아이를 낳아야지.

길을 걷고 있습니다.
그래, 길을 잘 걸어야지.
어디로 가는 길을 걷고 있는 것이냐?
열심히 걷지 말고 올바로 걸어야 한다.

지금 어떤 생각을 하고 있느냐?
지금 무엇을 원하느냐?

무엇을 위해 일어나며
무엇을 위해 살아가느냐?

날마다 너 자신을 위해 울라.
순간 마음을 잃으면
어둠의 종이 되어
멸망에 빠지리니

네 안에 흐르는 생각을 살피라.
생각이 잉태하여 죄를 낳고
죄가 자라면 파멸이 되리니
욕망과 싸워 하늘을 향하라.

하늘의 길을 걸어
성화를 이루라.
삶의 수도자가 되어
무로 돌아가라.

너희 목자들아 외쳐 애곡하라. 너희 양 떼의 인도자들아, 잿
더미에서 뒹굴라. 이는 너희가 도살당할 날과 흩음을 당할 기
한이 찼음인즉 너희가 귀한 그릇이 떨어짐 같이 될 것이라.
Jeremiah 25:34

47. 실로(Shiloh)

마음을 잃어버렸습니다.
육신의 욕망에 사로잡혀
당신의 뜻을 저버렸습니다.
당신의 뜻을 생각하지 못했습니다.

날마다 그의 길을 걸어
하늘에 닿아야 했습니다.
매일 지금 여기에서
마음을 다잡아야 했습니다.

세상의 기쁨을 버리고
진리를 찾아야 했습니다.
날마다 가시위에 앉아
피를 흘려야 되었습니다.

하고 싶은 대로 하는 것이 아니고
흘러가는 대로 흐르는 것이 아니었습니다.
육신의 뜻과는 반대로 해야 했고
물을 거슬러 차고 올라야 했습니다.

마음의 뜻을 하늘에 비추어
그 그림자를 보아야 했습니다.

그것이 어디에서 왔는지
근원을 살펴야 했습니다.

그러한 삶이 아니라면
천년의 업적도 헛것이요
수천의 아름다운 글귀도
다만 위선에 불과할 것이니

그만 벗어나야 하겠습니다.
하늘의 정상에 올라
모든 욕망을 씻어내고
날마다 자신을 미워해야 하겠습니다.

그의 뜻을 따라 영성의 자리,
거룩한 땅에 거해야 하겠습니다.
본질의 질문을 물으실 때
평생의 대답을 준비해야 하겠습니다.

내가 이 성전을 실로 같이 되게 하고 이 성을 세계 모든 민족이
저주거리가 되게 하리라. Jeremiah 26:6

48. 그의 멍에

날마다 멍에를 메고
그의 뒤를 따른다.
내가 져야할
멍에가 있다.

하루라도 마음을 놓으면
천길 벼랑으로 떨어진다.
돌아올 수 없는 다리를
건너게 된다.

새들이 내려와
머리에 집을 지으며
밑바닥 욕망이 살아나
죄의 생각에 빠지게 된다.

진리의 멍에를 메고
그를 따라야 한다.
진리가 나를
자유케 할 것이다.

사랑의 멍에를 메고
그의 길을 걷는다.

세상을 구원할
생명의 길이다.

수도의 멍에를 메고
자아를 죽여야 한다.
그렇게 사는 길만이
마지막에 살아남을 것.

멍에를 벗고 싶은가?
편하게 살고 싶은가?
나무의 멍에를 벗으면
쇠의 멍에가 내리누르게 될 것.

모든 멍에를 벗고
나의 하늘에 오르는 날.
그때, 자유의 날이 도래할 것이니
나의 멍에가 나의 명예가 될 것이다.

바벨론의 왕 느부갓네살을 섬기지 아니하며 그 목으로 바벨
론의 왕의 멍에를 메지 아니하는 백성과 나라는 내가 그들이
멸망하기까지 칼과 기근과 전염병으로 그 민족을 벌하리라.

Jeremiah 27:8

49. 평화의 예언자

나도 평화를 증거하고 싶었다.
모든 것이 잘 될 것이다.
하나님이 함께할 것이다.
바벨론의 멍에가 꺾어질 것이다.

그렇게 하면 누구나 좋아할 것이다.
어디를 가든 환영을 받을 것이다.
눈앞에서 빌어주는 축복에
모두가 환성을 지를 것이다.

나도 힘을 가지고 싶었다.
약하면 지킬 수가 없다.
힘은 힘으로 눌러야 한다.
그렇게 쉽게 평화가 올 수 있겠느냐?

여호와가 제일 강한 신이어야 한다.
그가 함께 하면 평화가 올 것이다.
모든 열방의 권세를 깨뜨릴 것이다.
여호와의 팔이 그들을 부술 것이다.

패자는 할 말이 없다.
마지막 때가 되면 그가 오실 것이다.

모든 전쟁을 그치게 하고
평화를 이루실 것이다.

약자에게는 평화가 없다.
힘을 길러야 한다.
전쟁을 준비해야 한다.
유비가 무환이다.

그렇게 하여 멍에를 벗으려 하는가?
또 다른 멍에가 얹혀 질 것이다.
거짓 평화의 예언자는
진실의 죽음을 겪게 될 것이다.

우리의 모든 말은
그에 합당한 증거가 있어야 한다.
효험이 없이 지껄이는 말은
분명히 밝혀내야 한다.

평화를 예언하는 선지자는 그 예언자의 말이 응한 후에야 그
가 진실로 여호와께서 보내신 선지자로 인정받게 되리라.
Jeremiah 28:9

50. 미혹

하늘의 계시를 받았다고 하며
그럴듯하게 차려입고 나불대는
자칭 선지자들을 조심하라.
그들에게 마음을 주지 말라.

너의 미래를 잘 안다고
할 일을 알려주겠다고 하는
사악한 점쟁이들을 주의하라.
그들에게 속지 말라.

너에게 나타나는
이상한 현상에 빠지지 말고
그런 일들을 추구하지 말라.
그런 일들에 현혹되지 말라.

꿈을 믿지 말라.
꿈은 한낱 꿈일 뿐이니
어둠 속에서 피어올라
너를 어둡게 할 것이다.

너의 일을 남에게 맡기지 말고
네 앞에 펼쳐지는 현실을 직시하라.

네가 스스로 판단하여
너의 앞길을 개척하라.

남의 터 위에
너의 인생을 세우지 말고
네가 걸어간 삶 위에
너의 집을 세우라.

일확천금을 꿈꾸지 말고
조금씩 너 자신을 가꾸어 가라.
헛된 곳에서 얼쩡거리지 말고
너의 발을 금하여 수행의 자리에 앉으라.

네가 쌓은 돌탑만큼
너의 공적이 될 것이고
네가 해낸 사랑만큼
기쁨을 얻게 될 것이다.

너희 중에 있는 선지자들에게와 점쟁이에게 미혹되지 말며 너
희가 꾼 꿈도 곧이듣고 믿지 말라. Jeremiah 29:8

51. 은밀한 일

나는 죽기 위해 먹는다.
나는 죽기 위해 살아간다.
나는 죽기 위해 숨을 쉰다.
나는 죽기 위해 길을 걷는다.

날마다 죽지 않으면
죄의 욕망이 꿈틀거린다.
더러운 자아가 살아나
날마다 죄를 짓는다.

날마다 죽고
날마다 버리는 것이
내가 드리는 기도이다.
그것이 아니라면 나에게 무엇이 남아있겠는가?

나는 죽기 위해 사랑을 한다.
나는 죽기까지 사랑을 한다.
나는 죽음의 사랑을 한다.
그것이 내가 숨을 쉬는 이유이다.

날마다 죽기 위해
십자가를 지고 그를 따른다.

진리를 따르며
진리를 사랑한다.

잘 죽기 위해
날마다 버리기 위해
마지막 주어진 삶을 마치고
하늘로 돌아가기 위해 오늘을 산다.

더 이상 나에게
다른 것을 요구하지 말라.
이외에 내가 하는 일은
하늘 앞에 죄가 되는 것.

다시 살아날 필요도 없다.
영원히 살아갈 이유도 없다.
그저 오늘 하루,
죽음의 삶을 살 뿐이다.

너는 내게 부르짖으라. 내가 네게 응답하겠고 네가 알지 못하
는 크고 은밀한 일을 내게 보이리라. Jeremiah 33:3

52. 바룩(Baruch)

그가 말씀하신 것을
헤아려 받아 적는다.
그의 마음을 그리며
사랑을 적어 나간다.

이것이 나의 일이다.
이것이 내가 사는 이유이다.
하늘의 노래를 부르면서
그의 앞으로 돌아가는 것.

모든 것을 빼앗기고
두 무릎이 꿇려지고
가진 것을 다 잃어버려도
이렇게라도 살아야 한다.

더럽고 수치스런 인생을
참으며 살아가는 것은
바로 이 한 가지,
이 일을 마치기 위함이다.

그래도 살아야 한다.
남아있는 일이 있다.

아직 눈을 감지 못할
마지막 소원이 있다.

내가 만난 하늘과
내가 깨달은 진리를
세상에 남기는 것으로
희망이 생기게 된다면

그것으로 나는 족하다.
두 눈을 감을 수 있다.
고요히 문을 열고
하늘로 들어갈 수 있다.

아직 내 때가 되지 않았다.
아직 하늘이 열리지 않았다.
모든 것을 끝내고 마침표를 찍을 때,
드디어 그의 문이 열리게 될 것이니…

이에 예레미야가 네리야의 아들 바룩을 부르매 바룩이 예레미
야가 불러주는 대로 여호와께서 그에게 이르신 모든 말씀을
두루마리 책에 기록하니라. Jeremiah 36:4

53. 불태워진 두루마리

하늘의 계시를 거역하면
연기가 되어 사라진다.
그것을 외면하면
하늘도 고개를 돌리신다.

불로 태우면
역사에서 사라지는가?
그렇게 사라질 것이라면
세상에 남길 필요도 없다.

마음에 새겨진 진리는
행동을 일으킨다.
마음을 찌르고
하늘로 돌아간다.

하늘을 버리면
하늘도 너를 버리실 것.
어차피 받아들이지 않으면
그하고는 상관이 없는 것이다.

구태여 불로 태울 필요도 없다.
이미 그 앞에서는

한 장의 휴지조각인 것을,
악한 행위만 남는다.

오늘도 사람들은
하늘의 두루마리를 베어내어
욕망의 불에 태우고 있다.
그렇게 하여 사라지게 한다.

그러나 결국 그가 태운 연기가
그를 심판할 것이다.
불의 증인이 되어
그의 행위를 밝힐 것이다.

그렇게 다시 돌아올 것을 알지 못하기에
불로 태우고
물로 씻어내고
더러운 숨을 뱉어 내고 있다.

여후디가 서너 쪽을 낭독하면 왕이 면도칼로 그것을 연하여
베어 화로 불에 던져서 두루마리를 모두 태웠더라. Jeremiah
36:23

54. 시드기야의 눈

내 눈을 가져가소서!
당신을 바라보지 않았습니다.
나 자신의 심연을
꿰뚫지 못했습니다.

그 눈 속에 들어있는
하늘의 보석을 보지 못하고
일말의 외로움에 손을 내미는
그것이 나의 삶이었습니다.

가벼운 세상에 빠져
눈앞의 환상만 보며
당신의 깊은 역사에
마음의 눈이 멀었습니다.

패배자는 할 말이 없습니다.
당신의 권위를 상실하고
영광의 자리에서
떨어져 버렸습니다.

다시 기회는
오지 않을 것이고

나는 일생 회한에 젖어
쇠사슬에 매여 살아갈 것입니다.

눈을 잃어버린
비운의 왕이 되어
쇠사슬을 덜걱거리며
만인의 비웃음이 될 것입니다.

그래도 이 길을 걸어
당신께 도달하겠습니다.
마지막 당신을 바라보며
못 다한 기도를 드리겠습니다.

이것이 나의 운명이라면
이것이 내가 걸어가야 할 길이라면
당신의 나무 밑에서
수치를 벗겠습니다.

왕이 시드기야의 눈을 빼게 하고 바벨론으로 옮기려고 사슬로
결박하였더라. Jeremiah 39:7

55. 미스바(Mizpah)

광야에 선다.
여기에서만 나는
살아남을 수 있다.
그에게로 나아갈 수 있다.

어둠을 뚫고 그들 속에서
하늘의 뜻을 읽는 것이다.
나 자신을 살피며
그의 뜻에 따른다.

언제나 마지막에
그는 나에게 오셔서
그의 길로 인도하셨다.
내가 갈 길을 알려주셨다.

그의 뜻이었다.
그 속에서 나는
나의 길을 발견했다.
언제나 마지막이었다.

정상에 이른 후
보이는 하늘을 넘어

또 다른 하늘이
나에게 찾아왔다.

그렇게 살다가
하늘로 돌아가는 것이다.
그의 앞에서 눈물을 흘리며
하늘의 노래를 부르는 것이다.

한 발 앞서
길을 걸으며
아무도 밟지 않은
그의 길을 가는 것이다.

그들 속에서
같이 기도를 드리며
하늘의 길을 걷는 것이다.
그렇게 나의 삶을 마치는 것이다.

예레미야가 미스바로 가서 아히감의 아들 그다랴에게로 나
아가서 그 땅에 남아있는 백성 가운데서 그와 함께 사니라.
Jeremiah 40:6

56. 소수

힘으로 된다면
그는 황제가 되었겠지.
번쩍이는 보좌에 앉아
하늘을 호령했을 것이다.

숫자로 된다면
많은 게 좋은 거라면
그는 제국에 있어야 했다.
거기에 붙어 기회를 노려야 했다.

돈으로 끝난다면
재물을 모아야 했다.
황금의 탑을 쌓으려고
사업을 시작해야 했다.

그러나 그는 광야로 나아가
하나님의 어린 양이 되었다.
십자가를 지고
죽음의 길을 걸었다.

가장 비천하고
가장 약한 존재로서

그것이 자기의
소명이었다.

거기에서 그는
역사를 일으켰다.
새로운 역사는
그 땅에서 일어난다.

더러운 옷을 벗어야
새 옷을 입을 수 있다.
뱃속을 비워야
성찬이 들어간다.

이것을 믿느냐?
그러면 그것을 할 수 있을 것.
지금 시작하고
작은 데서 시작하라.

그런즉 칼을 피한 소수의 사람이 애굽 땅에서 나와 유다 땅으
로 돌아오리니 애굽 땅에 들어가서 거기에 머물러 사는 유다
의 모든 남은 자가 내 말과 그들의 말 가운데서 누구의 말이 진
리인지 알리라. Jeremiah 44:28

57. 큰 일

다 주어도
다 잃어버려도
마음 하나 지킨다면
모두가 별것 아니다.

다 가져가도
다 빼앗겨도
마음을 제대로 살핀다면
아무것도 아닌 것이다.

마음을 간직하는 것.
그것만 하면 된다.
세상이 무너져도
흔들리지 않을 것이다.

마음 하나 바로 잡으면
어떤 두려움도 없을 것이다.
모든 것은
거기에서 나온다.

마음이 향하는 그곳에서
역사가 일어난다.

어둠의 역사와
생명의 역사.

그것을 찾지 못해
갈 바를 알지 못하고
멸망의 길을 걸어간다.
저절로 무너져 간다.

저주할 것도 없다.
심판을 내릴 것도 없다.
마음만 빼앗으면
모두 무너져 내린다.

세상에 존재하는 가장 큰 일.
지금 나의 자리에서
마음을 지키는 일.
그 외에는 없다.

네가 너를 위하여 큰일을 찾느냐? 그것을 찾지 말라. 보라, 내
가 모든 육체에 재난을 내리리라. 그러나 네가 가는 모든 곳에
서는 내가 너에게 네 생명을 노략물 주듯 하리라. Jeremiah45:5

58. 애가(哀歌)

슬픔의 노래를 부른다.
기쁨의 노래를 부를 수가 없다.
모든 것이 끝났다.
더 이상 희망이 없다.

울어야 한다.
눈물이 쌓이면
강이 되어 흐른다.
마침내 둑이 터져야 한다.

밑바닥에 있으면
하늘이 일으키실 것.
위에만 있으면
떨어질 때가 있다.

그 때를 기다린다.
노래를 부른다는 것은
기도를 드린다는 것이다.
노래가 쌓이면 기도가 된다.

가슴이 막히고
눈물이 앞을 가려

하늘을 볼 수가 없다.
어떻게 살아야 하는가?

앞이 보이지 않는다.
세상이 너무 어둡다.
사람들의 눈에는
눈물도 말라버렸다.

그렇게 살면 안 되었다.
심판이 내려올 수밖에 없었다.
외치는 소리는
허공을 맴돌았다.

이제 노래를 불러야 한다.
노래로 소원을 쌓아야 한다.
그리하여 그 소원이 둑을 넘어
가슴으로 흘러나가야 한다.

슬프다 이 성이여 전에는 사람들이 많았더니 이제는 어찌 그리 적막하게 앉았는고? 전에는 열국 중에 크던 자가 이제는 과부 같이 되었고 전에는 열방 중에 공주였던 자가 이제는 강제 노동을 하는 자가 되었도다. Lamentations1:1

3 장

소망의 노래

59. 구름

당신이 진노로 덮으시면
아무도 설 수가 없습니다.
그렇게 우리는 사라져
무가 되어버릴 것입니다.

당신이 멈추시지 않으시면
누가 당신 앞에 서겠습니까?
당신의 얼굴을 가리지 않으시면
아무도 당신을 바라볼 수가 없습니다.

당신의 사랑으로
당신의 참음으로
우리는 오늘도 이렇게
하루를 살아갈 수 있습니다.

재 속에서 올라오는 새싹처럼
광야에서 피어나는 들꽃처럼
우리는 오늘도
당신의 은총을 기다립니다.

그 구름을 다시 주시옵소서!
뜨거운 도망자의 길에서

우리가 쓰러져 갈 때
햇빛을 가려주었던 그늘.

위대한 감동의
경계 지대에 서서
저녁노을에 물들어 있는
당신의 신비.

그렇게 아름다운 저녁을 맞이하기 위해
쓰러지고 쓰러져도
우리는 다시 일어서
주어진 길을 걸어야 합니다.

오늘도 하늘을 바라보며
당신의 길을 걸어갑니다.
끝없는 발걸음을 옮기며
새로운 구름을 기다립니다.

주께서 어찌 그리 진노하사 딸 시온을 구름으로 덮으셨는가?
이스라엘의 아름다움을 하늘에서 땅에 던지셨음이여. 그의 진
노의 날에 그의 발판을 기억하지 아니하셨도다. Lamentations
2:1

60. 포로 중에서

내가 있어야 할 곳은
바로 그곳이었다.
그것이 바로
나의 운명이었다.

나의 삶을
완성해야 할 곳.
머언 길을 돌아서
내가 다시 찾아온 곳.

참으로 오랜 세월이었다.
고통 속에서
내게 내려오는
하늘의 환상이 있었다.

그렇게 삶을 마치고 싶지는 않았다.
나는 빵으로만 살아갈 수가 없었다.
진리를 향한 구도자가 아니라면
지금의 삶이 무슨 의미를 가지는가?

그때 거기에서 하늘이 열렸다.
세상의 욕망이 드러났다.

그것이 나에게는
부러움이 아니었다.

세 번째 하늘에 오르면
모든 것의 본질이 드러났다.
나는 거기에서
살고 싶지가 않았다.

이제 그 길을 걸어간다.
그 길이 아니라면
나의 나머지 삶이란
아무런 의미가 없을 것.

오늘도 노래를 부른다.
날마다 죽고
날마다 다시 사는
여기에 생명의 길이 있다.

서른째 해 넷째 달 초닷새에 내가 그발 강 가 사로잡힌 자 중에
있을 때에 하늘이 열리며 하나님의 모습이 내게 보이니. Ezekiel
1:1

61. 네 생물

그의 눈 속에
네 가지 생물이 있었다.
그것이 창조의 원형이며
존재의 본류였다.

그들에 의해
세상의 역사는 진행되었다.
그들은 함께 어울려
거기에서 살아가고 있었다.

거룩한 형상으로 빚어진
인간이 나무 밑에 서 있었다.
발은 대지를 밟고
눈은 하늘을 바라보고 있었다.

서로 하나가 되어
살만한 세상을 만드는 것이
그들의 일이었다.
그것 때문에 그들은 창조되었다.

그들은 사자의 기상을 가져야 했다.
뒤로 물러서지 아니하고

앞으로 달려가는
초원의 왕이었다.

왼쪽에는 소가 있었다.
끊임없이 되새김질하며
묵묵히 자기의 길을 걸어가는
아무것도 버릴 것이 없는 존재.

창공에는 독수리들이 날았다.
하늘을 뚫고 올라
우주를 향하고 있었다.
그것이 그의 영역이었다.

그들이 하나가 되면
당해낼 것이 없었다.
그들은 목소리를 합하여
앞으로 나아가야 했다.

넷의 앞은 사람의 얼굴이요 넷의 오른쪽은 사자의 얼굴이
요 넷의 왼쪽은 소의 얼굴이요 넷의 뒤는 독수리의 얼굴이니.
Ezekiel 1:10

62. 네 발로 일어서라

그가 거기에서
나를 부르고 있었다.
나는 그를 따라
앞으로 나아갔다.

그가 거기에 있었다.
아무런 소리도 들리지 않는
그곳의 침묵 속에서
한 소리가 들려왔다.

하늘의 사람아,
네 발로 일어서라.
너의 할 일이
이것이지 않은가?

나는 지금까지 무엇을 위하여 살아왔던가?
무슨 소리를 듣고 있었던가?
가슴을 파헤치는 그 소리가
나의 귓전에 메아리쳤다.

나도 무언가,
소리를 내야 했다.

다시금 일어서서
길을 걸어야 했다.

그렇게 해서
또 다른 역사가 시작되었다.
지금까지와는 전혀 다른
새로운 노래를 불러야 했다.

소리를 듣는 자는
소리를 따라 걸어야 한다.
소리가 없는 데에서
무슨 노래를 부를 수 있겠는가?

그의 노래를 가슴에 담아
내 마음에 새겨야 한다.
날마다 피를 흘리며
그의 길을 걸어야 한다.

그가 내게 이르시되 인자야, 네 발로 일어서라. 내가 네게 말하
리라. Ezekiel 2:1

63. 파수꾼

네가 있어야 한다.
눈을 떠야 한다.
다 죽어도
너만은 살아야 한다.

광야의 길을 걸으며
시대에 머리를 숙이지 않는
그 한 사람.
그가 있어야 한다.

네가 세상의 희망이다.
역사가 일어나야 한다.
아무도 보지 못하는
하늘을 보아야 한다.

깨어있어야 한다.
졸면 죽음이다.
언제 목이 날아가
밥이 될지 모른다.

시퍼런 칼날을 갈아
그 위에 서야 한다.

정신을 모아
불을 일으켜야 한다.

하루를 살아도
이렇게 살아야 한다.
어둠을 뚫고
솟아올라야 한다.

네가 잠을 자면
누가 노래를 부르겠느냐?
생명의 노래를 부르면
영혼이 살아날 것이니

그를 따라 길을 걸으라.
영원히 끝나지 않는 길.
그렇게 그와 함께하여
마침내 하늘에 올라야 한다.

64. 똥 불

똥 불을 피워서
보리떡을 굽게 될 것이다.
구수할 것이다.
먹을 만할 것이다.

다 너희가
뿌린 것들이고
다 너희가
거두어야 할 것들이다.

너희의 죄를
너희가 먹을 것이니
코를 막지 말라.
누구를 탓할 것이냐?

지금까지
그런 적이 없었다고?
그러면 밖에서 들어가는 것만 생각하느냐?
네 안에는 무엇이 있는 것인가?

네 안에 있는 것을
네가 생각하게 될 것이고

그것이 결국
밖으로 나타날 것이다.

그러나 그가 조금 은혜를 베푸시면
소똥으로 불을 피우게 되리라.
그것까지는
허락이 될 것이다.

너의 마지막이 오기 전에
너의 할 일을 하라.
때가 이르면
다시는 하지 못할 것이니

이제 시간이 얼마 남지 않았다.
너의 시간을
하늘의 시간으로 만들라.
그것까지는 허락이 될 것이다.

너는 그것을 보리떡처럼 만들어 먹되 그들의 목전에서 인분
불을 피워 구울지니라. Ezekiel 4:12

65. 흩어진 자

거기에 희망이 있다.
그들이 다시 돌아올 때
하늘의 태양도 다시 뜰 것이고
들판의 바람도 다시 불어오리니

끝까지 살아남으라.
그리하여 너의 역사를 증언하라.
너의 수치를 드러내라.
우리는 이렇게 살아남았노라고…

수치가 극에 달하면
수치가 아니고
모욕이 정도를 넘으면
모욕도 아닐 것이다.

그렇게라도
마지막까지 살아남아야 한다.
그 경지를 넘어야
구원에 이르게 되리라.

삶의 경계를 넘어
죽음에 이르게 될 때

모든 것을 포기하고
하늘에 맡기게 될 때

그때, 새로운 역사가 시작되리라.
나, 거기에서
살아남았노라고
만방에 선포하라.

너는 사라지고
하늘만 남게 되고
세상의 소망이 끝나고
하늘의 소원이 시작되니

그때 우리는
새로운 노래를 부르게 되리라.
지금까지 아무도 불러보지 못한
하늘의 노래가 시작되리라.

너희 가운데에서 삼분의 일은 전염병으로 죽으며 기근으로 멸
망할 것이요 삼분의 일은 너의 사방에서 칼에 엎드러질 것이
며 삼분의 일은 내가 사방에 흩어 버리고 또 그 뒤를 따라 가며
칼을 빼리라. Ezekiel 5:12

66. 태양

태양이 없어지면
생존할 수 없지만
그렇다고 태양을
예배하는 것은 아니다.

태양을 바라보며
그것을 경외할 수 있지만
그래서 태양을
섬기는 것은 아니다.

대자연은 어머니요
생명의 자궁이지만
그렇다고 그 앞에
경배하는 것은 아니다.

다만 그 앞에 서서
어머니의 가슴과
우주의 신비를 노래할 수 있지만
그에게 굴복해야 하는 것은 아니다.

태양 앞에 서서
불을 피우며

그를 예배하는 것은
참으로 수치스런 짓이다.

그들은 그 앞에
무엇이든 드렸을 것이다.
군중을 호도하여
피까지 흘렸을 것이다.

보이는 것으로는
하늘을 나타낼 수 없다.
그래서 우리는 영과 진리로
하늘의 예배를 드리는 것이다.

눈을 감고 알지 못하는
그 무엇을 예배하는 것이 아니라
지금의 삶에서 생명을 사랑하며
거룩한 길을 걸어가는 것이다.

그가 또 나를 데리고 여호와의 성전 안뜰에 들어가시니라 보
라 여호와의 성전 문 곧 현관과 제단 사이에서 약 스물다섯 명
이 여호와의 성전을 등지고 낯을 동쪽으로 향하여 동쪽 태양
에게 예배하더라. Ezekiel 8:16

67. 이마의 표

나이가 많다고
넘어가는 것은 아니고
나이가 어리다고
감추어지는 것도 아니다.

아름다운 처녀라고
봐줄 수 있는 것도 아니고
어린이와 여자라고
면할 수 있는 것도 아니다.

누군가를 위하여
그를 위하고
사랑을 위한
표식을 가져야 한다.

그래야 그 문으로
들어갈 수가 있다.
그것이 구원의 문을 통과하는
너의 열쇠가 될 것이다.

그 흔적을 가졌는가?
입이 헤어지고

가슴이 타들어가
시커멓게 숯이 된 상처를…

그를 생각하는
기다림에 지쳐
온 밤을 지새우며
쌓아올린 연민의 정을…

밤이 새도록
그의 생각에 젖어있어
그의 모습을 떠올리며
그의 꿈을 꾼다.

그저 얻어지는 것이 아니다.
그와 함께 탄 불에 들어가고
마지막 경지의 숨을 몰아쉬는
그 삶의 순간을 가져야 한다.

여호와께서 이르시되 너는 예루살렘 성읍 중에 순행하여 그
가운데에서 행하는 모든 가증한 일로 말미암아 탄식하며 우는
자의 이마에 표를 그리라. Ezekiel 9:6

68. 슬픈 탄식

한 치 앞을 내다보지 못한다.
그렇게 악할 수가 없다.
살 길만 생각하지
죽을 길은 알지 못한다.

아무것도 모르고
자멸의 길을 걸어간다.
영혼의 눈이 가려
진리를 보지 못한다.

눈앞의 이익만 바라보며
거기에 목숨을 건다.
마음의 눈이 멀어
자아를 보지 못한다.

지혜의 눈이 어두워
하늘의 징조를 모른다.
통찰도 없고
깨달음도 없다.

그것을 알아야 한다.
어디에서 떨어졌느냐?

너는 지금
어디로 가고 있느냐?

온갖 것으로
공기를 오염시키고
욕망의 독에 절어
정신이 몽롱하다.

약에 쩐 아이는
낳자마자 금단현상이다.
어디를 봐도 앞이 보이지 않고
아무런 빛도 비쳐오지 않는다.

이렇게라도 해야 한다.
그렇게라도 해서
속히 임할 멸망을
경고라도 해야 한다.

너는 허리가 끊어질 듯 탄식하라. 그들의 목전에서 슬피 탄식
하라. Ezekiel 21:6

69. 목자의 마음

그 마음이었다.
양을 위해 목숨을 버리는 마음.
같이 먹고 같이 살아가는
하나 된 마음.

그것 때문에 나는
이 땅에 내려와
아무도 없는
광야로 나아갔다.

그것은 세상에서
편안하게 살고 싶은 것이 아니라
그의 마음으로
가난하게 살고 싶은 것이었다.

그와 함께
길을 걸으며
그의 뒤를 따라
하늘에 오르는 것이었다.

이렇게 살아가면
영원에 이를 수 있을 것인가?

나를 둘러싸고 있는
업보를 벗을 수 있을 것인가?

그것만 할 수 있다면
나는 무엇이든 할 것이다.
이렇게 지루하게
목숨을 유지하지는 않을 것이다.

하루를 살더라도
가슴을 열며
영혼의 불을
태우는 것이다.

그것이 아니라면 천년을 산다한들
무슨 의미가 있을 것인가?
나에겐 하루가 천년이고
천년이 하루인 것을…

자기만 먹는 이스라엘 목자들은 화 있을진저. 목자들이 양떼를
먹이는 것이 마땅하지 아니하냐? Ezekiel 34:2

70. 대언(Prophesy)

제각기 부름이
서로 다를 것이지만
그것을 위해
나는 부름을 받았다.

그것 때문에 나는
세상에 태어났다.
태중에서부터
말씀으로 뛰놀았다.

한마디 깨달은 말이
삶의 길을 가리키고
한마디 희망의 말이
살맛이 나게 하는 것.

그 말씀으로 인해
마른 뼈들이 일어나고
그들은 새 힘을 얻어
하늘의 군대가 된다.

이것이 그러하니
얼마나 귀한 직분인가?

선불리 말할 수 없고
쉽게 일어설 수가 없다.

잠시 전하는 것이 아니다.
제대로 전하지 못하고
어떻게 다시 자리로
내려올 수 있겠는가?

마음에 떨어진 계시의 씨앗은
삶을 살아가는 양식이 된다.
그의 뱃속에서 솟아나는
영원의 생수가 된다.

하여 나는 오늘도
말씀의 창고에 들어가
새것과 옛것을 꺼내온다.
잠자는 영혼들을 일으켜 세운다.

너의 이 모든 뼈에게 대언하여 이르기를 너희 마른 뼈들아, 여
호와의 말씀을 들을지어다. Ezekiel 37:4

71. 생기 (breath)

숨을 쉬어야 한다.
태초에 그가 주셨던 생의 선물.
그 생명의 숨을
찾아야 한다.

언제나 그 자리에 서서
흔들리지 않아야 한다.
굳게 자리에 앉아
숨을 깔아야 한다.

눈은 하늘로 향하고
거친 숨을 몰아쉬며
하늘의 길을
걸어야 한다.

그리고 마침내 한줄기
그의 호흡이 되어
생명의 길을
걸어야 한다.

숨 쉬는 동안
살아있는 동안

그의 숨결을
간직해야 한다.

그것을 잃으면
모든 것을 잃는 것이고
살았다 하나
실상은 죽은 자일 것이니

하늘과 연결된 사람은
날마다 그의 기운으로 살아간다.
그것이 그의
유일한 소원이다.

내 안에 거하소서!
나와 함께 살아가며
당신의 희망을 이루소서!
이것이 나의 기도인 것이니…

이 뼈들에게 이같이 말씀하시기를 내가 생기를 너희에게 들어
가게 하리니 너희가 살아나리라. Ezekiel 37:5

72. 하나

원래 하나이니
하나로 돌아가라.
서로를 돌아보며
서로를 존중하라.

너희는 같은 숨을
나누어 마시는 것이고
같은 하나의 근원에
붙어 살아가는 것이니

나누어지면
죽는 것이요
하나의 생명이
끊어지는 것이리라.

서로 싸우고
힘을 자랑하면
언젠가 말라붙어
무로 사라지리니

이것을 알라.
가진 자는 조심해서 사용할 것이요

많이 가진 자는
많은 책임을 물으리라.

그게 하나님의 뜻이요
그 앞에 무릎을 꿇고
신령한 예배를 드리는
진정한 의미이리라.

그것이 지금
너의 손에 있으니
네가 이 땅에 살아가는
하늘의 뜻이리라.

분열의 삶을 살지말고
하나의 삶을 살아가라.
전쟁의 노래를 그치고
평화의 노래를 부르라.

그 막대기들을 서로 합하여 하나가 되게 하라. 네 손에 둘이 하
나가 되리라. Ezekiel 37:17

73. 하몬 곡

곡에서 무리들이 곡을 하리라.
이제 너의 노래를 그치라.
그만 나를 찬양하는
영광을 멈추라.

그 땅이 지옥이 되리라.
그것은 거기에서 하라.
그곳에선 저절로
곡이 나오리라.

죽으려 해도
죽을 수 없는 땅.
오히려 죽은 자가
더 행복하다 하리니

어떤 생명도 살 수 없는
폐허의 땅에서
언제 우리가
초록을 보았던가?

살았다 하나
실상은 죽은 자의 땅

아무도 살 수 없는
저주의 땅.

그들이 그것을 만들어 버렸다.
그것은 가장 큰 죄악이요
돌이킬 수 없는
자신의 형벌이었다.

오늘도 자신의 무덤을 파는 사람들.
그 누구의 탓도 할 수 없다.
자기 뿌린 것을
자기가 거두는 것이다.

희망의 사람들은 어디에 있는가?
언제쯤 통곡이 노래가 될 수 있는가?
하늘을 바라보고 있으면
구름이 떠오르겠는가?

그날에 내가 곡을 위하여 이스라엘 땅 곧 바다 동쪽 사람이 통
행하는 골짜기를 매장지로 주리니 통행하던 길이 막힐 것이라.
사람이 거기에 곡과 그 모든 무리를 매장하고 그 이름을 하몬
곡의 골짜기라 일컬으리라. Ezekiel 39:11

74. 측량

너의 마음을
나에게 가져오라.
너의 마음 크기를
내가 재어 보리라.

얼마나 무겁고
얼마나 큰 것인지,
그것을 측량할 수 없다면
어떻게 제어할 수 있겠느냐?

돌 같이
무거운 마음이 있고
바람 같이
가벼운 마음이 있다.

콩 만큼
소심한 마음이 있고
바위처럼
든든한 마음이 있다.

너무 무거워도
움직일 수가 없고

너무 가벼워도
쉽게 흔들려 버리니

중심을 잡고
너의 길을 걸어가라.
마음을 잃어버리지 말고
마음을 빼앗기지 말라.

너의 마음엔
무엇이 있으며
너의 마음은
어디를 향하고 있느냐?

네 마음이 가는 곳에
네 몸도 가는 것이고
네 마음이 향하는 곳에
너의 발자국이 남으리라.

나를 데리시고 거기에 이르시니 모양이 놋 같이 빛난 사람 하
나가 손에 삼 줄과 측량하는 장대를 가지고 문에 서 있더니.
Ezekiel 40:3

75. 동쪽에서

좋은 것은
동쪽에서 온다.
동쪽에서 바람이 불어오고
동쪽에서 동이 터온다.

나는 언제나
동쪽을 바라본다.
소원에서 태어나
소원으로 돌아간다.

아침에 일어나
동쪽을 바라보고
잠자리에 들어
동쪽을 바라본다.

설산에 올라
동쪽을 바라보며
다시 집으로 돌아와
동쪽을 바라본다.

이렇게 동쪽을
하염없이 바라보다가

언젠가 나는
하늘로 돌아가겠지.

거기에서도
기도를 올리겠지.
거기에서 기다리던 님을
만나게 되겠지.

내가 남길 한줌의 자리가 있다면
거기에 이렇게 글을 적어다오.
동쪽을 바라보며 기도를 올리다가
동쪽을 바라보며 삶을 마치다.

역사는 동쪽에서
서쪽으로 흐른다.
동쪽에서 시작되어
서쪽에서 마치게 된다.

이스라엘 하나님의 영광이 동쪽에서부터 오는데 하나님의 음
성이 많은 물소리 같고 땅은 그 영광으로 말미암아 빛나니.
Ezekiel 43:3

76. 산꼭대기

그래서 나는 기필코
거기에 올라야 한다.
끝까지 발걸음을
옮겨야 한다.

중간에 나의 삶을
마쳐서는 안 된다.
마지막 정점을
찍어야 한다.

거기까지는 가야
그를 만날 수 있다.
그는 언제나
거기에 계신다.

이렇게 좁은 길로 우리는
하늘에 이르는 모양이다.
육신의 한계를 넘어
거룩함에 이른다.

욕망은 이루는 것이 아니라
잘라내는 것이다.

그 불에 미치면
모두가 타버린다.

이것을 알면 누구도
완성에 도달할 수 있다.
그래서 나는 오늘도
꼭대기에 오른다.

내 자리에 앉아
기도를 드린다.
거룩을 향해
산을 오른다.

이제 나에게 남은 것은
이것밖에 없다.
더 이상 무엇을
할 수가 있겠는가?

성전의 법은 이러하니라. 산꼭대기 지점의 주위는 지극히 거룩
하리라. Ezekiel 43:12

77. 거룩한 곳

아무나 성소에 거할 수는 없다.
나를 위해 부름 받은 자들.
자신의 삶을 나에게 드린
헌신된 자들.

그들만이 거룩한 땅에
거할 수가 있다.
거기에서 나를
만날 수가 있다.

아무나 올 수가 없다.
오직 택함 받은 자들.
하늘의 부르심에
응답한 자들.

그들만이
이곳에 나아올 수가 있다.
누구에게나 허락된 것이지만
누구나 올 수 있는 것은 아니다.

누구나 복을 받을 수는 있지만
누구다 받는 것은 아니다.

오직 준비된 자들.
감당할 수 있는 자들.

그들에게만이
축복이 될 수 있다.
시험에 드는 자들은
무엇이 와도 시험에 든다.

거기에 자기가 살 수 있는
조그만 집을 지으면 된다.
허황되게 클 필요도 없고
지나치게 작을 필요도 없다.

언제나 깨끗하게
자신을 유지하면 된다.
마음을 먼저 닦고
그다음 주변을 닦는 것이다.

그곳은 성소에서 수종드는 제사장들 곧 하나님께 가까이 나아
가서 수종드는 자들에게 주는 거룩한 땅이니 그들이 집을 지
을 땅이며 성소를 위한 거룩한 곳이라 Ezekiel 45:4

78. 군주

모름지기 군주란
하늘 아래에서
하늘을 준비하는 자들이다.
그것을 위해 그들은 부름을 받은 것.

그 본분을 잃어버리면
그 추악함과 거만함이
만천하에 드러나
수치만 남을 뿐이다.

그 본분을 잘 감당하면
그 위대함이 칭송을 받아
자손대대로 역사에 남으리니
세상에 보기에도 얼마나 좋겠느냐?

어떤 격정에도 흔들리지 아니하고
어떤 세파에도 흩어지지 아니하고
자신의 자리에 굳게 앉으면
기필코 승리가 올 것이니

그때를 기다리라.
날마다 눈을 부릅뜨고

고요히 하늘을 바라보라.
곧 죽어도 의연함을 잃지 말라.

큰 소리를 내지 말고
분을 품지 말고
얼굴에 웃음을 머금고
두발을 굳게 땅에 디디라.

너, 하늘의 군주여.
너는 하늘의 자녀로
태중에서 부름을 받았고
가장 위대한 사명을 받았으니

한 점 흐트러짐 없이
마음의 뜻을 정하고
너에게 주어진 완성을 위해
그 길을 걸어가라.

군주의 본분은 번제와 소제와 전제를 명절과 초하루와 안식일
과 이스라엘 족속의 모든 정한 명절에 갖추는 것이니 이스라
엘 족속을 속죄하기 위하여 이 속죄제와 소제와 번제와 감사
제물을 갖출지니라. Ezekiel 45:17

79. 문지방

네가 밟았던 곳.
너의 발에 닳고 닳아
너의 흔적이 남아있는 곳.
거기에서 역사가 시작되리라.

네가 앉았던 곳
네가 드나들었던 곳.
네가 기도를 드렸던 거기에서
생수가 흘러나오리라.

적당히 끝마치는 것이 아닌
한 십년 정도 깊게 우물을 파면
거기에서 마침내
근원이 터질 것이라.

그러하니
오래 파라.
쉽게 멈추지 말고
될 때까지 하라.

금방 일어나지 말라.
응답이 오고

확신이 들 때까지
함부로 움직이지 말라.

자리가 가벼운 자는
결코 깨달음을 얻지 못하리라.
마지막까지 참지 못하는 자는
끝장을 보지 못하리라.

못생긴 나무가
자리를 지키는 법.
가볍게 설치는 자는
그것밖에 얻을 수 없으리라.

하늘이 움직이기 전에는
먼저 움직이지 말라.
그리고 하늘이 일어서라고 할 때는
모든 것을 버리고 과감히 일어서라.

그가 나를 데리고 성전 문에 이르시니 성전의 앞면이 동쪽을
향하였는데 그 문지방 밑에서 물이 나와 동쪽으로 흐르다가
성전 오른쪽 제단 남쪽으로 흘러내리더라. Ezekiel 47:1

80. 여호와 삼마

너는 무엇을 알고 있느냐?
네가 알 수 있는 그만큼
네가 느낄 수 있는 만큼
그는 거기에 계실 것이다.

너는 어디에 있느냐?
고난과 민중의 역사,
그 한가운데가 아니라면
너의 믿음은 허상에 불과할 것이니

함부로 믿지 말라.
그것을 강요하지 말라.
그렇게 한다고 무엇이
이루어질 수 있겠느냐?

네가 아파하는 곳과
너의 마음이 가는 곳.
너의 생각이 머무는 그곳에
그가 계실 것이다.

네가 보는 만큼
그를 볼 수 있을 것이고

네가 걸어가는 그만큼
그를 느낄 수 있을 것이다.

어디를 둘러봐도
그가 그 속에 계시고
그가 안 계신 곳이
세상에 없는 것이니

그를 느끼며
그와 함께 걸어감이
그를 신앙하며
그를 예배하는 것이리라.

네가 이것을 안다면
우주가 네 안에 있을 것이고
너는 하나의 시작이 될 것이다.
모든 것이 너로부터 시작하게 될 것이다.

그 사방의 합계는 만 팔천 척이라. 그 날 후로는 그 성읍의 이
름을 여호와 삼마라 하리라. Ezekiel 48:35

4 장

보는 자

81. 다니엘

광야에 서야 한다.
광야로 나가야 한다.
이대로 여기에서
마칠 수는 없다.

그의 소리를 들어야 한다.
그의 소리를 기다려야 한다.
무릇 사람은 들은 소리만
말할 수 있을 뿐.

나의 영광이 아닌
그의 영광을 드러내야 한다.
그것이 이 땅에 살아가는
존재의 의미이다.

거기에서 살아야 한다.
거기로 나와야 한다.
나는 무엇을 보려고
이 땅으로 나왔던가?

세상에서는
그를 만날 수가 없었다.

자기가 서 있는 자리에서
자기의 소리를 들을 수 있는 것.

사람은 자기가
좋아하는 소리만 듣는 것이니
자기의 자리가
자기를 결정하는 것이다.

하여 자기를 쳐서
그를 따라야 한다.
나를 쳐서
그의 소리를 들어야 한다.

이것 외에
내가 할 일이 무엇이 있겠는가?
하여 우리는 어디에 있든지
영혼의 소리를 들어야 한다.

다니엘은 뜻을 정하여 왕의 음식과 그가 마시는 포도주로 자기를 더럽히지 아니하리라 하고 자기를 더럽히지 아니하도록 환관장에게 구하니. Daniel 1:8

82. 장래 일

생각이 시작이다.
지금 무엇을 생각하는가?
네가 생각하는 그것이
현실이 될 것이다.

생각 속에 길이 있다.
생각하면 길이 열린다.
생각이 없는데
무엇이 이루어지겠느냐?

기도가 생각이고
믿음이 생각이다.
하늘의 뜻을 생각함이 기도이며
하늘의 뜻을 따름이 믿음인 것.

어디로 갈 것이지,
무엇을 할 것인지,
생각하지 않음이 죄악이며
생각하지 못함이 불신이다.

이웃을 위해
평화를 위해

어떻게 해야 할 것인가?
무엇을 해야 할 것인가?

삶이 무엇이며,
길이 어디인지,
생각하지 않고 먹음이 뇌물이며
생각하지 않고 행함이 허물이다.

하여 이제 다시는
헛되게 살지 않을 것이니
하늘이여, 도우소서!
우리의 길을 가르치소서!

어리석음을 깨치고
하늘의 문을 여셔서
우리의 길을 보이소서!
당신의 뜻을 이루소서!

왕이 침상에서 장래 일을 생각하실 때에 은밀한 것을 나타내
시는 이가 장래 일을 왕에게 알게 하셨사오며. Daniel 2:29

83. 큰 신상

큰 것이 좋다.
큰 신상이
더 많은 복을 줄 것이고
놀라운 역사를 일으킬 것이다.

많으면 복이다.
많은 것 중에서 골라야
좋은 것도 많을 것이기에
많이 받아야 좋지 않겠는가?

적어도 우리는
곧 죽어도 우리는
조금 먹고
죽고 싶지는 않다.

우리의 생각과
우리의 믿음이
현실이 될 것이니
생각을 크게 가져야 한다.

보기에 좋은 떡이
먹기도 좋을 것이고

이왕이면
다홍치마라고 했다.

나중은
생각할 필요가 없다.
그때는
그때 가서 생각하면 된다.

지금이 중요하다.
여기가 우선이다.
가벼우면 천시를 받고
적으면 손가락질 받는다.

하여 우리는
큰 것을 바라본다.
그때에 배가 터지더라도
지금 계속해서 숨을 들이 마신다.

왕이 큰 신상을 보셨나이다. 그 신상이 왕의 앞에 섰는데 크고
광채가 매우 찬란하며 그 모양이 심히 두려우니. Daniel 2:31

84. 꿈과 해석

사건의 해석이 역사이다.
사건의 해석이 없다면
하나의 연대기에
불과할 것이니

존재의 인식을 위해
해석이 있어야 한다.
어떻게 해석하느냐에 따라
역사의 인식이 결정된다.

하늘의 노래는
계시의 해석이다.
어떤 노래를 부를 것이냐에 의해
그의 운명이 결정된다.

해석이 없이는
역사도 없다.
인식이 없이
어떻게 역사가 열리겠는가?

돌 하나도 해석에 따라
보석이 되고

그 해석이 쌓여
역사가 되는 것.

존재의 운명이 해석에 좌우되니
해석의 은사를 나에게 주소서!
내가 우리의 역사를
당신께 바치겠나이다.

실망하지 않는다.
뜻하지 않은 일이 없다면
역사는 필연으로
흘러갈 것이니

변하지 않는다면
그것이 무슨 역사이며
그대로만 이루어진다면
우리에게 무슨 희망이 있겠느냐?

손대지 아니한 돌이 산에서 나와서 쇠와 놋과 진흙과 은과 금
을 부서뜨린 것을 왕께서 보신 것은 크신 하나님이 장래 일을
왕께 알게 하신 것이라. Daniel 2:45

85. 신의 아들

누군가 나와 함께한다면
어떤 어려움도 견뎌낼 수 있다.
혼자 모든 고통을
짊어지는 것은 아니다.

누군가 나와 같이
내 곁에 있어 준다면
조그만 용기를 낼 수 있다.
세상은 그렇게 살기 힘든 곳이 아니다.

누군가 내 손을 잡아주며
누군가 나를 기억해준다면
그래도 웃으며
이 길을 걸어갈 수 있다.

누군가 나와 같이
내 옆에서 기도한다면
나는 힘을 내어
다시 고난을 헤쳐 나갈 수 있다.

누군가 나를
조금만 생각해주는 사람이 있다면

그래도 그 외로움과 고독을
조금은 견뎌낼 수 있다.

그가 나와 함께 있어
내 옆을 지켜준다면
나는 그와 함께
주어진 길을 걸어갈 것이다.

더 이상 앞이 보이지 않고
아무런 희망이 없어 보여도
조금만 기도를 드리면
어둠이 걷히게 될 것이다.

그러니 우리는
그 믿음으로 순간을 살아간다.
그리고 그 순간을 견뎌내면
어느덧 새 날이 시작된다.

내가 보니 결박되지 아니한 네 사람이 불 가운데로 다니는데
상하지도 아니하였고 그 넷째의 모양은 신들의 아들과 같도다.
Daniel 3:25

86. 메네메네 데겔 우바르신

끝나게 하리라.
종국을 보리라.
자기가 뿌린 것은
자기가 거두는 것이니

마침내
마지막 자리에
모두가 서야 하리라.
누가 피할 수 있겠느냐?

세어보고
살펴보고
저울에 달아보니
한참 부족하구나.

너의 나라를 끝장내리라.
기회가 지나가면
다시는 돌아오지 않으리니
매일이 심판대가 되리라.

아무도 피하지 못하리라.
다시금 돌이킬 수 있는

얼마나 많은 기회가
너희에게 주어졌었느냐?

셀 수가 없으리라.
매일 해가 뜨고
매일 해가 지는데
그것을 몰랐다고 할 수가 있겠느냐?

눈앞에 있는 이익에 눈이 멀어
영원을 버릴 수 있겠느냐?
슬피 울며 이를 갈며
긴 밤을 보내야 하리라.

자손 천 대에 이르러
더러운 이름을 남기게 되리라.
너의 후손이라는 것에
눈을 들 수가 없으리라.

그 글을 해석하건대 메네는 이미 왕의 나라의 시대를 세어서
그것을 끝나게 하셨다 함이요. Daniel 5:26

87. 사자 굴

항상 거기에서 살아간다.
언제 나락에 떨어질지,
언제 그의 밥이 될지,
아무도 모른다.

수많은 사람들이
그렇게 죽어간다.
회한의 눈물을 흘리며
자기의 삶을 마신다.

순간 마음을 잃어버리고
욕망의 노예가 된다.
무엇이 우리의 삶을
망치게 하는 것인가?

나는 그럴 수가 없다.
그렇게 마치고 싶지는 않다.
삶의 완성을 이루어
하늘에 드려야 한다.

자기의 거룩한 삶은
자기가 경영하는 것이며

자기의 비천한 삶 또한
자기가 결정하는 것이다.

하여 우리는 날마다
진리의 길을 걸어야 한다.
자신을 버리고 그를 따라
그와 함께 있어야 한다.

길이 없는데
어떻게 삶을 살아가며
삶의 목표가 없는데
어떻게 길을 걸을 것인가?

살아있다는 것이
바로 그런 것이다.
날마다 깨어 그를 바라보며
그의 길을 따라 가는 것이다.

88. 옛적부터

그의 존재가
우리의 희망이다.
언제부터 있었고
앞으로도 계실 이.

그저 있는 것이 아닌
거기 그때에
하나의 생명으로
빛을 발하는 이.

우린 날마다
하늘의 명으로 산다.
그 명령을 잊어버리면
산다는 것이 무슨 의미인가?

오늘의 우리는
태초부터 내려온
과거의 결정이요
미래의 발화이다.

아직 오지 않았지만
지금 여기에서

삶을 미리 살아가는
다가올 날의 믿음이다.

지나온 과거 없이
오늘이 없고
미래의 희망 없이
현재가 있을 수 없으니

오늘 순간을
불꽃으로 살아가며
앞으로 살아갈 날에
한 점 다리를 놓는다.

문제는 없고
설렘만 있으니
무엇을 바라보며
오늘을 살 것인가?

내가 보니 왕좌가 놓이고 옛적부터 항상 계신 이가 좌정하셨
는데 그의 옷은 희기가 눈과 같고 그의 머리털은 깨끗한 양의
털 같고 그의 보좌는 불꽃이요 그의 바퀴는 타오르는 불이며.

Daniel 7:9

89. 인자 같은 이

당신을 바라봅니다.
그렇게 살아야 했습니다.
낮은 곳을 즐거워하며
가난한 삶을 즐기는 것.

어떤 어려운 고난과
악의 권세에도 굴하지 않고
태산처럼 의연하게
길을 걸어가는 것.

광야의 길에 서서
하늘의 노래를 부르는 것.
불멸의 깨달음을
한 줄의 글로 남기는 것.

그것이 바로
우리의 양식이었고
어두운 세상을 밝혀주는
한줄기 섬광이었습니다.

그것이 당신이 걸어가신
진리의 길이었습니다.

진리가 아니면 걷지를 않고
생명이 아니면 먹지를 않는 것.

그렇게 살면 죽어도 산다는 것.
영원히 죽지 않고 살아있다는 것.
당신은 그것을
우리에게 보여주셨습니다.

때가 되면 십자가를 지고
운명의 길을 걸어가는 것.
누구나 한 번은 가야할 길을
그렇게 걸어가는 것이었습니다.

이렇게 당신은 언제나
길 위에 있사오니
나도 당신이 걸어가신 길을 걸어
기도의 자리로 나아가겠습니다.

내가 또 밤 환상 중에 보니 인자 같은 이가 하늘 구름을 타고
와서 옛적부터 항상 계신 이에게 나아가 그 앞으로 인도되매.
Daniel 7:13

90. 황폐한 성소

허상에 파묻히면
진리의 세계는 사라진다.
황폐한 정신과
파괴된 시간들.

아무것도 아닌
지나온 삶 속에서
아무것도 아닌
시간이 흘러간다.

날마다 떠오르는 태양과
날마다 흘러가는 시간 속에서
우리는 무엇을 잡을 것이며
무엇을 위해 살 것인가?

마음을 다잡아야 한다.
이렇게 끝날 수는 없다.
아무것도 아닌 삶으로
마칠 수는 없다.

아득한 기다림 속에서
시간만 때울 수는 없다.

무언가를 이루며
의미를 남겨야 한다.

그는 항상 마지막에
나를 알게 했다.
더 이상 갈 수 없는 막다른 골목에서
나를 뒤돌아서게 했다.

그것을 지켜야 한다.
나의 자리에 앉아
영원을 묵상하며
그와 하나가 되는 것.

그것이 아니라면
어디로 떨어져
바람으로 사라져갈지
누구도 알 수가 없다.

그러 하온즉 우리 하나님이여, 지금 주의 종의 기도와 간구를
들으시고 주를 위하여 주의 얼굴빛을 주의 황폐한 성소에 비
추시옵소서! Daniel 9:17

91. 세 이레(three weeks)

나의 자리에 앉아
기도를 드려야 한다.
적어도 세 이레는
그렇게 해야 한다.

정성을 다해
옛 것을 버리고
선한 싸움을 싸워야 한다.
새로운 습관을 들여야 한다.

쉽게 되지는 않을 것이다.
이를 악물고
자신을 광야에 내어두어
욕망에 물들지 않아야 한다.

자신을 지켜
세속을 따르지 않고
철저히 내 자아를 쳐서
하늘의 명령에 따라야 한다.

더러운 음식을 금하고
혼탁한 것을 멀리하며

하늘에 마음을 드려야 한다.
진리를 마음에 새겨야 한다.

순간을 잃으면
영원을 잃으며
마음을 잃으면
영생을 잃으니

지금 여기에서
무엇을 할 것인가?
무엇인가 하지 않으면
얼마나 많은 시간이 흘러가는가?

하루를 살아도
영원을 살며
영생을 살아서
하늘에 오른다.

세 이레가 차기까지 좋은 떡을 먹지 아니하며 고기와 포도주
를 입에 대지 아니하며 또 기름을 바르지 아니하니라. Daniel
10:3

92. 고멜(Gomer)

기도를 드리고
기다림이 없다.
끝없는 욕망을 찾아
혼자 있지를 못한다.

무언가 의지하고
무언가 있어야 한다.
홀로 있으면
왠지 허전하다.

먹을 것이 있어야 하고
채울 것이 있어야 한다.
장식을 해야 하고
단장을 해야 한다.

무언가를 가져야 한다.
다 가져야 한다.
무언가 채워야
하루를 지낼 수 있다.

빼앗기면 안 된다.
새로운 것을 찾아야 한다.

날마다 새것을 찾아
거리를 헤맨다.

지금 즐겨야 한다.
세월이 가기 전에
숨이 끝나기 전에
순간을 보내야 한다.

이 시간이 지나면
다시는 오지 않을 것.
젊음이 끝나버리면
무엇을 바랄 수 있겠는가?

영생이 무엇이며
진리가 무엇인가?
허황된 말은 하지 말라.
눈에 보이는 것만 말하게 하라.

너는 가서 음란한 여자를 맞이하여 음란한 자식을 낳으라. 이
나라가 여호와를 떠나 크게 음란함이니라. Hosea 1:2

93. 이스르엘(Jezreel)

땅이 문제가 아니라
사람이 문제다.
처음부터
나쁜 것은 없는 법.

진인이 거하면
진리의 땅이 되고
선인이 거하면
축복의 땅이 된다.

도인이 거하면
순례의 땅이 되고
성인이 거하면
거룩한 땅이 된다.

피가 흐르면
전쟁터가 되고
믿음이 흐르면
약속의 땅이 된다.

기도를 드리면
응답의 땅이 되고

사랑을 뿌리면
옥토가 된다.

씨앗을 뿌리면
열매가 나오고
생명을 뿌리면
산 자의 땅이 된다.

모든 것이
우리의 책임이고
모든 영역이
우리의 관할이다.

하여 욕심을 버리고
하늘의 뜻을 따라 살면
그곳이 하늘의 나라가 되고
살아갈 만한 땅이 되는 것이다.

그의 이름을 이스르엘이라 하라. 조금 후에 내가 이스르엘의
피를 예후의 집에 갚으며 이스라엘 족속의 나라를 폐할 것임
이니라. Hosea 1:4

94. 로루하마(Lo-Ruhamah)

끝이 났다.
다 주었다
더 이상 너희에게
줄 것이 없다.

이제 너희가 하면 된다.
너희가 선택하고
너희의 최선을 다하여
하늘의 뜻을 이루면 된다.

더 달라고 하지 말라.
손을 벌리지 말라.
무엇을 더 소원하며
무엇을 더 바라는가?

이제 주어진
길을 걸어가면 된다.
길을 걸어가는 중에
역사가 일어날 것이다.

필요한 것은
그때 줄 것이다.

더 이상 세상에 쌓아놓아
무엇을 하려는 것인가?

무거워 걸을 수 없고
녹슬어 쓸모가 없을 것.
그것이 너희의
올무가 될 것이다.

너희의 마음을 바치라.
마음이 없이
결단이 없이
무엇을 바치겠다는 것인가?

그만 위선을 끝내라.
거룩한 척, 사랑하는 척
입에 발린 소리를 그만두고
그 자리에서 내려오라.

그의 이름을 로루하마라 하라. 내가 다시는 이스라엘 족속을
긍휼히 여겨서 용서하지 않을 것임이니라. Hosea 1:6

95. 로암미 (Lo-Ammi)

나는 그런 백성을 둔 적이 없다.
조금만 배고파도
죽는 소리를 하며
믿음에서 떨어지고

조금만 목말라도
여기저기 헤매며
땅에 떨어진 것을
입에다 처넣는다.

조금만 추워도
밖으로 나가지 못하고
광야의 길을 떠나
방구석에 처박힌다.

조금만 힘들어도
갈 길을 포기하며
배신의 길에서
히히덕 댄다.

조금만 한눈을 팔면
눈이 다른 데에 가있다.

관음증에 빠져
세상을 바라본다.

화려함과 편안함을 찾아
세상의 길로 나아간다.
안일함을 찾아
움직이지 않는다.

한 번 자리를 잡으면
목석으로 붙잡힌다.
걷지도 않고 일하지도 않고
배불뚝이로 죽어간다.

그러하니 어찌 내가
그의 이름을 부를 수 있으리요.
다시 내가 그를 부르면
나의 앞으로 나아올까?

96. 소망의 문

거기가 문이었다.
나는 그곳을 통해
하늘의 세계로 들어갔다.
거기에서 한줄기 빛이 비쳐왔다.

그곳에서는
바람도 멈추고
시간도 정지했다.
침묵의 시간이 흘러가고 있었다.

더 이상 높은 곳도 없고
더 이상 바라볼 곳도 없는
그곳에서 다시
나의 삶이 시작되었다.

내가 그 외에 무엇을
더 바라볼 수 있었을까?
내 눈에는
아무것도 보이지 않았다.

그곳을 지나야 했다.
죽음을 넘어

한계를 넘어야
그곳에 오를 수 있었다.

거기에서
하늘의 소리가 들려왔다.
이곳으로 올라오라.
이곳으로 나아오라.

이곳을 바라보라.
너의 발로
이 땅을 밟고
나에게로 오라.

걷지 않으면
그곳으로 갈 수 없었다.
두 발을 딛고
세상을 바라보았다.

거기서 비로소 그의 포도원을 그에게 주고 아골 골짜기로 소
망의 문을 삼아 주리니 그가 거기서 응대하기를 어렸을 때와
애굽 땅에서 올라오던 날과 같이 하리라. Hosea 2:15

97. 인애

한 번 마음을 먹으면
끝까지 간다.
어떠한 상황에서도
변함이 없다.

하늘의 뜻을 따라
오늘을 살아가며
모든 살아있는
생명을 사랑한다.

육신의 형상을 입고
이 땅에 내려오신
그를 따라가며
그 길을 걷는다.

순간이 기쁨이요
하루가 은혜이니
사는 날이 감격이며
감동의 연속이다.

매일이 새날이요
날마다 끝날이니

한 점 후회도 없고
뒤돌아볼 미련도 없다.

모든 것을 벗어버리고
하늘로 돌아갈 때
완성에 이를 것이니
그날을 위해 오늘을 산다.

내가 그의
마지막 희망이다.
내가 살아야
그가 산다.

사랑이 모여
바다가 흐르고
생명의 물이 흘러야
모두 살아갈 수가 있다.

이 땅에는 진실도 없고 인애도 없고 하나님을 아는 지식도 없
고. Hosea 4:1

98. 이슬

사랑은 생명을 낳고
생명은 희망을 낳으며
희망은 기다림으로
채색이 된다.

그것을 생각했을 때부터
세상은 아름다웠다.
수채색으로 그려진
한 폭의 풍경화.

아침의 시작이며
비온 뒤의
그리움이 모인
사라지지 않는 결정체.

우리는 그렇게
살아야 했다.
그것이 없다면 무엇으로
세상을 살아갈 것인가?

마음에 남아있는
사랑의 초상이

내가 살아가는
삶의 이유였다.

언제나 나는
그것을 기다리고 있다.
나의 세상에
비쳐올 광명.

그의 속삭이는 말은
언제나 나에게
환희를 가져왔다.
나는 그것을 받아 적어야 했다.

그의 슬픈 눈동자를 바라보는 것이
나의 아픔이었으며
내가 살아가는
삶의 동력이 되었다.

내가 이스라엘에게 이슬과 같으리니 그가 백합화같이 피겠고
레바논 백향목 같이 뿌리가 박힐 것이라. Hosea 14:5

99. 심판의 골짜기

한줄기 바람이
나에게 불어왔다.
그 바람이 불어
마음이 살아났다.

사람은 모두
그의 말과
그의 행적으로
하늘 앞에 서게 된다.

광야의 역사 속에서
끝까지 견디어 내지 않는다면
그와 나는 상관이 없게 된다.
그것은 단지 허구에 불과할 뿐.

환상은 그 결정으로
열매를 맺어야 한다.
그래야 그의 참이
증명이 될 것이다.

내가 살아가는
모든 것은

바로 이것을 증명해서
열매를 거두는 것이다.

생명의 마지막에
그의 앞에 설 때
그의 저울에
달리게 될 것이니

언제나 그를 바라본다.
하여 한순간도
그저 헛되이
보낼 수가 없다.

그와 함께
그의 손을 잡고
그의 길을 걸어가는 것이
나의 마지막 희망이다.

심판의 골짜기에 사람이 많음이여, 심판의 골짜기에 여호와의
날이 가까움이로다. Joel 3:14

100. 아모스(Amos)

역사의 짐을 지고
길을 걸어간다.
내가 지지 않으면
누가 짐을 질 것인가?

어차피 걸어가야 할 길이라면
내게 주어진 짐을 지고
기쁨으로 걸어가야 한다.
그러다보면 역사가 일어날 것이다.

목표를 정하면
몸이 준비를 한다.
우리 주인은 한번
한다하면 하는 분이시지.

화를 낼 것도 없다.
불평을 할 것도 없다.
휘파람을 부르며
노래를 부르며 간다.

걸어갈 길이 있다는 것은
아직 할 일이 있다는 것이다.

역사를 일으키려면
이렇게 길을 걸어야 한다.

도상에 이루어지는 수많은 일들.
길을 걷는 자와
짐을 지는 자만이
누리게 되는 특권이다.

배운다는 것은
경험하는 것이며
지혜를 얻는 자는
언제나 도상에 있는 것.

멈추어 서서
걷기를 포기할 때,
하늘의 소리도
닫히게 되는 것이다.

여로보암의 시대 지진 전 2년에 드고아 목자 중 아모스가 이스라엘에 대하여 이상으로 받은 말씀이라. Amos 1:1

101. 그의 비밀

역사를 통찰한다.
바람이 어디로 부는지,
물이 어디로 흐르는지,
거기에서 기다린다.

징조를 분별한다.
그저 우연히 일어나는 일이 없으니
자세히 살피면
깨달을 수 있을 것.

구름이 모이면
비가 내릴 것이고
햇빛이 모이면
열매가 익으리니

일할 수 있을 때
쉬지 않고
걸을 수 있을 때
멈추지 않는다.

그보다 앞장서지 않고
성급하게 포기하지 않고

먼저 열매를 먹지 않고
하늘의 때를 기다린다.

계획 없이
나서지 않고
닥쳐오는 사건을
피하지 않는다.

길을 가다가
역사가 일어날 것이니
하늘이 나를
채워주실 것이다.

때가 되면
일어나야 하는 것이니
일어나자. 같이 가자.
생명의 역사를 이루어 가자.

주 여호와께서는 자기의 비밀을 그 종 선지자들에게 보이지
아니하시고는 결코 행하심이 없으시리라. Amos 3:7

102. 기갈(A famine)

어디를 둘러봐도
사랑이 없다.
모두들 제 목구멍밖에
생각하지 못한다.

생명에 대한 연민이 없다.
자기도 하나의 미물인 것이거늘
생명이 사라지면
자기도 사라질 것이다.

진리의 깨달음이 없다.
구도의 길이 없다.
구도자가 없으니
무엇을 찾게 될 것인가?

삶의 완성을 위한
치열한 수행이 없다.
되는 대로 살아가니
되는 대로 되어간다.

아버지의 마음이 없다.
십자가를 질 마음이 없다.

마음이 없으니
행함도 없는 것.

길을 걷는
순례자도 없고
오체투지를 드리는
수행자도 없다.

있는 것으로
나날을 보낸다.
남아있는 힘으로
하루를 살아간다.

그 손들이 모여 기도를 드린다.
언제 하늘이 열리고
하늘 뜻이 이루어질 것인지,
그때까지 다만 기다릴 뿐이다.

보라, 날이 이를지라. 내가 기근을 이 땅에 보내리니 양식이 없
어 주림이 아니며 물이 없어 갈함이 아니요 여호와의 말씀을
듣지 못한 기갈이라. Amos 8:11

103. 무너진 장막

언제 다시 일어날 수 있을까?
기도가 끊어진 교회들이 널려있다.
내 집은 만민의 기도하는 집이거늘
그들은 강도의 굴혈로 만들어버렸다.

하늘이 고개를 돌리는데
누가 소리를 들을 것인가?
그만 너희의 기도를 멈추라.
이제 너희의 향기를 올리라.

무엇을 위한 예배인가?
진리가 사라진 성전.
어디를 향하여
머리를 조아리는가?

무너진 마음들이 보인다.
어디를 둘러봐도
희망이 없다.
바라볼 곳이 없다.

목표가 없는 인생들이
하루를 살아간다.

시간을 보내며
세월을 죽이고 있다.

의미 없는 시간들이
바람에 흘러간다.
그것을 바라보며
눈물을 훔친다.

이제 흘릴 눈물도
남아있지 않다.
눈물을 담을
병도 없다.

그가 하셔야 한다.
우리는 그저 기다릴 수 있을 뿐.
더 이상 이 땅에서 무엇을 할 수 있겠는가?
걸음을 멈추고 마음을 내려놓는다.

그 날에 내가 다윗의 무너진 장막을 일으키고 그것들의 틈을
막으며 그 허물어진 것을 일으켜서 옛적과 같이 세우고. Amos
9:11

104. 불꽃

불이 붙으면
불꽃으로 타오르는 것이 있고
하늘로 사라지는
검불들이 있다.

나는 타오르고 싶다.
불을 붙여
어둠을 밝히고
조용히 사라져야 한다.

내가 살아있어야
진리가 나오게 될 것.
진리가 없다면
무엇으로 살 것인가?

그렇게 주어진
삶을 살아가는 것이다.
그리고 멋지게
하늘로 돌아가는 것이다.

나를 통해
진리가 흘러가야 한다.

어두운 세상을
밝혀야 한다.

그렇지 않다면
산다는 것이 무엇인가?
구차한 목숨을 살아
무엇을 남길 것인가?

그것이 그의 삶이었다.
우상에 무릎 꿇지 않고
마지막 정신이 살아
날마다 눈을 뜨는 것이다.

깨어있는 자들이 돌아와
그를 따르는 것이다.
서로의 손을 잡고
불을 밝히는 것이다.

야곱 족속은 불이 될 것이며 요셉 족속은 불꽃이 될 것이요 에
서 족속은 지푸라기가 될 것이라. Obadiah 1:18

5 장

그 날에

105. 요나(Jonah)

내가 너를 불렀다.
미물 속에서
너를 건져 올려
하늘의 숨을 주었다.

먼지 속에서
아무것도 없던
없음의 세계에서
너의 역사가 시작되었다.

그러하니 너는
하늘의 뜻대로 살아야 한다.
너의 목숨을 바쳐
그 길을 걸어야 한다.

두 발을 땅에 딛고
두 눈은 하늘을 바라보며
너의 마음은
하늘을 품어야 한다.

평화의 소식을
이 땅에 전하고

사랑의 씨앗을
세상에 심어야 한다.

진리의 길을 걸어야 한다.
이 말을 마음에 새겨야 한다.
항상 마음에서
떠나지 않게 해야 한다.

광야의 길을 걸어야 한다.
매일 새롭게 걸어야 한다.
아무도 가지 않은
그 길을 걸어야 한다.

헛된 길로 빠지지 말고
평안의 길로 내려가지 말고
사명의 길을 걸어
소명의 역사를 이루어야 한다.

106. 도망

왜 꼭 나인가?
내 뜻과는 너무도 다르다.
내가 왜 거기에 가야 하는가?
나 아니라도 얼마든지 있지 않은가?

나도 내 삶이 있다.
나도 내 생각이 있다.
나도 내가 하고 싶은 일이 있다.
왜 그들을 위하여 이 일을 해야 하는가?

내가 하고 싶은 일을 할 자유가 있다.
그것도 하늘이 주신 일이다.
나는 내 길을 가야 한다.
그 땅으로 가야 한다.

더 멋진 역사를 이루어야 한다.
나만의 일을 이루어내야 한다.
나만의 세계를 구축해야 한다.
그 일을 해내야 한다.

미쳐야
미치게 될 것이니

한 10년 정도 미쳐보면
거기에 도달하게 되지 않겠는가?

하고 싶은 일을 해도
못 다할 삶일 것인데
하기 싫은 일을 하면서
어떻게 일생을 보내겠는가?

그놈들은 꼴도 보기 싫다.
그들과 같이 살 수는 없다.
적어도 매일 먹는 밥은
같이 먹을 수 있어야 한다.

이제 새로운 곳으로
나아가야 한다.
내 길이 옳다는 것을
바로 증명해야 한다.

요나가 여호와의 얼굴을 피하려고 일어나 다시스로 도망하려
하여 욥바로 내려갔더니 마침 다시스로 가는 배를 만난 지라.
여호와의 얼굴을 피하여 그들과 함께 다시스로 가려고 배 삯
을 주고 배에 올랐더라. Jonah 1:3

107. 깊은 잠

깊은 잠에 빠졌다.
하늘이 캄캄했다.
아무것도 보이지 않았다.
어디로 가야하는가?

거기까지 그는 찾아왔다.
그를 피할 수가 없었다.
죽음의 그림자가
짙게 드리웠다.

그 앞에 서 있어야 했다.
잠에서 깨어나야 했다.
마음을 열어야 했다.
그의 뜻을 생각해야 했다.

내 영광이 아니고
내 욕망이 아니며
내 소원이 아니라
그의 뜻을 따라야 했다.

깨어있어야 했다.
그 자리에 있어야 했다.

밑으로 내려오지 않았어야 했다.
거기에서 그의 뜻을 기다려야 했다.

시험에 들지 않고
도망가지 않고
그의 앞에
서야 했다.

합력하여 그의 뜻을
이루어야 했다.
그것이 우리 삶의
진정한 기쁨이지 않은가?

몸을 일으켜야 한다.
다시 일어서야 한다.
깊은 잠에서 깨어나
뜻을 이루어야 한다.

그러나 요나는 배 밑층에 내려가서 누워 깊은 잠이 든지라.
Jonah 1:5

108. 나를 던지라

나 때문이요.
나를 들어 던지시오.
내가 제물이 되겠소.
나 자신을 드리겠소.

내가 행한 일은
내가 책임을 지겠소.
나에게 주어진 운명을
거부하지 않겠소.

내가 죽일 놈이요.
그의 부르심을 외면하고
그의 사랑을 저버리고
헛된 길로 나아갔소.

나 때문에
당신들이 당할 수는 없소.
내가 역사를 바꾸겠소.
내가 십자가를 지겠소.

이 한 몸을 드려
역사를 바꾸어 가고

뭇 생명을 살려내어
불이 타오르게 한다면

나는 기꺼이 웃으며
무덤에 내려갈 것이요.
인생이 한 번 죽는 것이고
그렇게 끝나면 되는 것이요.

이 역사의 흐름을 바꾸어
변화를 일으킬 수 있다면
그것으로 나는 족한 것이고
그것이 내게는 과분할 뿐이요.

이제 때가 되었소.
나의 하늘로 돌아가겠소.
올 때는 내 뜻으로 오지 않았지만
갈 때는 내 뜻대로 갈 수 있는 것이요.

나를 들어 바다에 던지라. 그리하면 바다가 너희를 위하여 잔
잔하리라. 너희가 이 큰 폭풍을 만난 것이 나 때문인 줄을 내가
아노라. Jonah 1:12

109. 물고기 뱃속에서

날마다 무덤에서
기도를 올린다.
내가 있어야 할 자리.
내가 찾아야 할 자리.

어둠을 딛고 일어나
길을 걸어야 한다.
한순간도 잠들 수가 없다.
거기에 머물 수가 없다.

그것은 죽음이었다.
동토에서 피어나는
생명의 꽃.
아는 자만 안다.

그것이
그의 삶이었고
생명에서 증언하는
진리의 역설이었다.

그를 따라
걸어야 한다.

이렇게 걷지 않으면
무엇을 만날 수가 있을까?

이것이
내가 그토록
나 자신을 쳐서
하늘에 오르는 이유였다.

거기에 있어야 한다.
광야에서 피어나는 죽음의 꽃.
그래서 맛을 보는
피의 냄새.

아무것도 두렵지 않다.
오히려 한계를 넘을 때마다 느끼는 희열.
아마 우리의 마지막 죽음도 그와 같을 것.
나는 지금 거기에 있다.

요나가 물고기 뱃속에서 그의 하나님 여호와께 기도하여.
Jonah 2:1

110. 단비

시원한 단비가 내려와
메마른 초목을 적신다.
하늘이 열려야 한다.
마음을 열고 기다린다.

켜켜이 덮여있는
먼지를 씻어 내린다.
오래오래 묵어있는
감정의 찌꺼기들.

그가 오셔야 한다.
마음을 다해서
그를 모신다.
오직 그만 있어야 한다.

그것을 위해
지금 내가 부름을 받았다.
앞으로 펼쳐지는 삶을
올바로 살아야 한다.

끝까지
살아남아야 한다.

주어진 목표를 향해
날마다 일어나야 한다.

하루가 지나면
계절이 오고
세월이 지나면
인생이 되는 것.

함부로
살 수가 없다.
순간을 잃어버리고
이리저리 헤맬 수가 없다.

언제나 마지막이다.
그것이 세상의 희망이다.
사랑의 꽃을 피우며
하늘의 역사를 기다린다.

야곱의 남은 자는 많은 백성 가운데 있으리니 그들은 여호와
께로부터 내리는 이슬 같고 풀 위에 내리는 단비 같아서 사람
을 기다리지 아니하며 인생을 기다리지 아니할 것이며. Micah
5:7

111. 선한 것

하늘의 뜻을
겸손하게 따른다.
그가 나에게
원하시는 것이 무엇일까?

하늘의 마음으로
살아있는 생명을 사랑한다.
모두다 같이
함께 살아야 한다.

날마다 자신을 쳐서
거울처럼 갈고 닦는다.
그의 하늘을 비쳐야 한다.
그의 형상을 이루어야 한다.

자신을 갈고 닦아
하늘에 드려야 한다.
무엇을 위해
나의 하루를 살아갈 것인가?

자신을 바라보며
하늘의 은혜를 기다린다.

그의 은혜가 아니라면
순간인들 살 수 있으랴?

세상에선 아무것도
바랄 것이 없고
세상에 어떤 미련도 없어
하늘의 양식을 사모한다.

하늘이 은혜를 주셔야
살아갈 수 있다.
오직 그의 은혜만
필요한 것일 뿐.

내게 있는 것을 나누어
영혼을 사랑하며
나 자신을 드려
하늘의 뜻을 이루어야 한다.

사람아 주께서 선한 것이 무엇임을 네게 보이셨나니 여호와께
서 네게 구하시는 것은 오직 정의를 행하며 인자를 사랑하며
겸손하게 네 하나님과 함께 행하는 것이 아니냐? Micah 6:8

112. 아름다운 소식

때가 되면
떠나야 한다.
아무것도 가지지 않고
하늘로 가야 한다.

빈 허공을 바라보며
자신을 비워야 한다.
바람을 따라
걸어야 한다.

보아도 보지 못하고
들어도 깨닫지 못하는
그곳을 떠나야 한다.
거기를 벗어나야 한다.

더 이상 자신을
버려둘 수는 없다.
무언가 정신을 차려야 한다.
새로운 곳으로 나아가야 한다.

발은 땅에 있어도
영혼은 하늘을 바라보아야 한다.

머리 없는 발이
있을 수 있는가?

걷지 않으면
도달하지 못하고
생각하지 않으면
존재하지 않는 것.

그곳을 버리고
하늘로 오라는 것.
그것이 나에게는
구원의 날이다.

언제나
나를 부르는 소리가 들린다.
바람을 타고 들려오는
하늘의 소리가 있다.

볼지어다. 아름다운 소식을 알리고 화평을 전하는 자의 발이
산위에 있도다. 유다야 네 절기를 지키고 네 소원을 갚을지어
다. Nahum 1:15

113. 회복

언제나 마지막에
그는 나를 부르신다.
하늘의 소리를 들어야 한다.
그에게 나아가야 한다.

다시 일어서야 한다.
돌아가야 한다.
마음을 씻고
정갈하게 앉아야 한다.

어떤 감정도 없이
헛된 욕망을 버리고
언제나 항상
무를 유지해야 한다.

적어도 나의 마음을
그에게 바쳐야 한다.
기도를 드리며
마음을 비워야 한다.

그에게 오를 때
그와 같이 된다.

그를 마음에 품을 때
그처럼 넓어진다.

그것이 바로
그가 나에게 원하시는 것이니
그처럼 커질 때
하늘에 오를 수 있을 것.

그때 영광의 자리로
나아갈 수 있을 것이다.
그가 나의
영광이 될 것이다.

자신을 돌아보지 않으면
날마다 혼란에 빠지게 된다.
아무것도 없으면
아무런 문제도 없다.

여호와께서 야곱의 영광을 회복하시되 이스라엘의 영광 같게
하시나니 이는 약탈자들이 약탈하였고 또 그들의 포도나무 가
지를 없이 하였음이라. Nahum 2:2

114. 경고

한번으로
끝날 수 없다.
계속 반복해야 한다.
될 때까지 해야 한다.

죽을 때까지
이 길을 걸어야 한다.
하늘의 소리를
들어야 한다.

그리하여 마침내
완성을 이루어야 한다.
하늘의 뜻이 내려올 때까지
자리에서 기다려야 한다.

듣지 아니하면
걸어갈 수 없고
내려오지 않으면
시작할 수 없는 것.

그가 이루실 때까지
그가 하실 때까지

마지막 그때까지
참아내야 한다.

하늘의 징조가 있을 때까지
귀를 기울여야 한다.
깨어있는 자들이 함께
소리를 외쳐야 한다.

그가 들으실 때까지
그치지 않아야 한다.
그 자리에서 진리를 껴안고
죽어야 한다.

때가 되었다.
이제 일어서야 한다.
생명의 사람들이
역사를 일으켜야 한다.

선지자 하박국이 묵시로 받은 경고라. Habakkuk 1:1

115. 성실

언제나
변함이 없다.
한번 마음을 정하면
끝까지 간다.

적은 일이
어디에 있는가?
모두가 큰일이고
모두가 귀한 일이다.

모든 일에
최선을 다한다.
한 생명이 천하보다 귀하고
작은 자가 미래의 주인이다.

입으로만 믿지 않고
믿음으로 걸어간다.
발이 가지 않는 곳에
어떤 역사가 일어나겠는가?

입에 발린 소리를 하지 않는다.
쉽게 믿지 않고

함부로 말하지 않는다.
입으로 뱉은 말은 책임을 진다.

쉽게 약속하지 않지만
약속을 했으면
어떻든지 지킨다.
뒤집지 않는다.

하늘 앞에서
자신을 비쳐본다.
그 앞에서 서서
자신을 돌아본다.

보이느니 허물이요
말하느니 잘못이다.
차라리 입을 닫고
머리를 숙인다.

보라 그의 마음은 교만하며 그 속에서 정직하지 못하나 의인
은 그의 믿음(faithfulness)으로 말미암아 살리라. Habakkuk 2:4

116. 비록

환경이 문제가 아니고
마음이 문제이다.
세상의 모든 것은
마음에서 시작된다.

없는 것이 문제가 아니고
있는 것이 문제이다.
나에게 있는 것을
어떻게 사용할 것인가?

없는 것을 바라보면
앞길이 캄캄하지만
있는 것을 바라보면
하루가 밝아진다.

있는 것에 만족하면
언제나 감사이지만
없는 것을 생각하면
있는 것도 없어진다.

생각 하나로
천지가 달라지고

마음 하나로 운명이 달라지니
천지의 조화가 여기에 달려있다.

마음을 정하고
최선을 다했다면
주어진 모든 것이
하늘의 뜻이 된다.

날마다 새날이다.
길을 걸으니
하늘이 내려오고
때때로 멈춤이 하늘의 뜻이다.

다시 시작한다.
매일 마음을 열고
하늘을 바라본다.
마음을 여니 하늘이 내려온다.

비록 무화과나무가 무성하지 못하며 포도나무에 열매가 없으
며 감람나무에 소출이 없으며 밭에 먹을 것이 없으며 우리에
양이 없으며 외양간에 소가 없을지라도 Habakkuk 3:17

117. 스바냐(Zephaniah)

마지막 시대를 위해
깊숙이 숨겨놓은 자.
그가 살아야
생명이 살아날 수 있다.

그것이
그의 사명이며
그가 살아남아야 할
한 가지 이유이다.

그것이 아니라면
구차하게 살아남아
헛된 족적을
남길 필요가 있겠는가?

모든 것이
그 한 점에 귀착된다.
그것 때문에 세상이 시작되었고
그것 때문에 세상이 마치게 될 것.

그것을 찾아야 하고
그것에 목숨을 걸어야 한다.

그대가 여기에 존재하는
그 이유는 무엇인가?

날마다 자신을 향해
물음을 던져야 한다.
이렇게 그를 숨겨준 자는
하늘의 품이다.

눈을 떠
하늘을 바라보아야 한다.
거기에서 내려오는
만나를 먹고 살아야 한다.

그것을 먹어야 한다.
가릴 것도 없고
사라질 것도 없으니
그때 하늘이 그에게 내려온다.

아몬의 아들 유다 왕 요시야의 시대에 스바냐에게 임한 여호
와의 말씀이라. Zephaniah 1:1

118. 전 심 으 로

끝이 났다.
다시 돌아가라.
다시 시작하라.
거기에서 노래를 부르라.

때가 되었다.
어둠을 벗어나
성벽을 쌓고
울타리를 올려라.

어디든 거기에서
역사를 시작하라.
나무를 심고
작물을 가꾸라.

무엇이든 움직이라.
밖으로 나가 사물을 보라.
바람을 타고
하늘에 오르라.

움직이는 곳에
역사가 일어난다.

머물러 있으면서
무엇을 기다리는가?

준비를 마치고
때를 기다리라.
그리고 때가 찾아오면
과감하게 일어나라.

사람들은 언제나
거기에 있으려한다.
일어선다는 것은
용기가 필요하다.

나를 바라보라.
세상의 태초부터
우주의 종말까지
움직이고 있지 않은가?

시온의 딸아 노래할지어다. 이스라엘아 기쁘게 부를지어다. 예
루살렘의 딸아 전심으로 기뻐하며 즐거워할지어다. Zephaniah
3:14

119. 학개(Haggai)

아무도 없는 땅에서
종말의 시대를 살아가며
하늘의 뜻이 그리워
깨어있는 사람들.

주의 절기를 기억하고
생명의 주 앞에 나와
영과 진리로 예배하는
참 예배자들.

그 앞에 홀로서서
하늘과 땅을 부여잡고
자기의 가슴을 찢는
하나님의 사람들.

어둠 속에서 눈을 뜨고
자기의 자리에 앉아
끝까지 생명의 주를
기다리는 사람들.

그들이 세상의 희망이다.
날마다 죽고

날마다 다시 살아
뜻이 이루어져야 한다.

지금 그들에게
하늘이 내려와야 한다.
땅이 가슴을 열어
가난한 그들을 품어주어야 한다.

하루를 살아갈
말씀이 내려와
일생을 걸어갈
길을 보여주어야 한다.

하늘이 닫혀
기근이 창궐한 세상에
생명의 비를 내려야 한다.
마지막 그 길을 걸어야 한다.

다리오 왕 제2년 여섯째 달 곧 그 달 초하루에 여호와의 말씀
이 선지자 학개로 말미암아 스알디엘의 아들 유다 총독 스룹
바벨과 여호사닥의 아들 대제사장 여호수아에게 임하니라.
Haggai 1:1

120. 스가랴(Zechariah)

한 점의 씨앗 속에
모든 기억이 있다.
그것이 발아하여
우주가 생성된다.

그의 기억 속에
내가 있다.
그가 만드셨으니
그의 뜻을 이룬다.

하나가 되어
하나의 세계를 이루고
하나로 합일하여
그의 꿈이 된다.

그의 기억 속에
내가 있고 싶다.
세상에서 가장 슬픈 것은
나의 존재가 잊혀지는 것이다.

누군가를 기억해주고
그 이름을 불러 주는 것.

거기에서부터
희망이 시작된다.

그렇게 살아야 한다.
그 이름을 불러
하늘의 뜻을
이루어야 한다.

이것이 내가
이 땅에 살아가는 이유이니
날마다 길을 걸어
하늘에 도달해야 한다.

하늘의 소리를 듣고
그 소리를 전해야 한다.
전하는 자가 없으면
어찌 들을 수가 있겠는가?

다리오 왕 제2년 여덟째 달에 여호와의 말씀이 잇도의 손자 베
레갸의 아들 선지자 스가랴에게 임하니라. Zechariah 1:1

121. 대장장이

나를 만드소서!
못된 뿔을 쳐서
겸손의 종이 되어
당신 앞에 엎드립니다.

내 자아를 쳐서
당신의 나팔이 되어
깊이 있는 저음으로
돌이켜야 합니다.

날마다 때마다
회개의 열매를 맺어
당신의 발 앞에 나아가
그 열매를 드려야 합니다.

가장 정교하게
가장 순수하게
당신께만 마음을 드리고
당신만을 생각해야 합니다.

교만과 파멸의
전쟁 무기를 부수어

불러도 다함이 없는
평화의 노래를 부릅니다.

단지 어리석음이 아닌
무언가 어둠에 붙잡혀
그 형상이 되어
악귀가 씌었습니다.

자기들이 몸짓이 아닌
헛되고 더러운 몸짓으로
사탄의 도구가 되는 것이
그들의 삶인 것입니까?

언제 열매를 맺어
진정한 길을 걸어갈 것인지,
차라리 믿음보다는
성찰이 필요한 시대입니다.

그들이 무엇하러 왔나이까? 그 뿔들이 유다를 흩뜨려서 사람
들이 능히 머리를 들지 못하게 하니 이 대장장이들이 와서 그
것들을 두렵게 하고 이전의 뿔들을 들어 유다 땅을 흩뜨린 여
러 나라들의 뿔들을 떨어뜨리려 하느니라. Zechariah 1:21

122. 예표(symbolic)

너 자신만이 아니다.
너는 하늘의 사람이다.
하늘이 너를 통해 일하고
하늘이 너를 통해 나타난다.

너는 하늘을 비춰야 하고
너는 하늘의 말을 전해야 한다.
너를 통해 사람들이
하늘을 보아야 한다.

하늘의 형상이
너에게 새겨져 있고
하늘의 바람이
네 안에 불고 있다.

네가 하늘의 길을 걸을 때
사람들이 그것을 볼 것이고
네가 하늘의 언어를 말할 때
사람들이 그 길을 찾을 것이다.

그러하니 믿음을 가지라.
희망을 잃어버리지 말라.

너의 처한 자리에서
사랑의 삶을 살아가라.

그렇지 않다면
영원을 산들 무엇이며
하루를 살아간들
무엇이라 말하겠느냐?

새싹에서
새 열매가 나오리니
옛 가지를 자른다고
슬퍼하지 말라.

날마다 깨끗하게
너의 가지를 자르라.
너의 피가 흐른 자리에서
거룩한 열매를 맺으리라.

이들은 예표의 사람들이라. 내가 내 종 싹을 나게 하리라.
Zechariah 3:8

123. 두 감람나무

언제나 그 자리에 서서
하늘을 바라본다.
두 팔을 들고
세계를 받친다.

고요히 머리를 숙이고
평화의 기도를 올린다.
세상에서
가장 거룩한 일.

매일 깨어있어
열매를 맺어야 한다.
하루라도 마음을 놓으면
빈 집이 된다.

새들이 날아와
집을 짓는다.
다 헛된 일이고
썩어질 일이다.

그가 부르시면
그 앞에 나아가

나를 내려놓고
그에게 드려야 한다.

사는 날 동안
쓰임을 받아야 한다.
마지막 모든 임무를 마치고
그의 곁으로 돌아가야 한다.

거룩의 길을
걸어가야 한다.
이 외에 할 일이
무엇이 있겠는가?

날마다 가슴 벅찬 일이다.
이것이 나의 할 일이다.
하늘의 진리를 찾아
길을 걸어가는 것.

그 등잔대 곁에 두 감람나무가 있는데 하나는 그 기름 그릇 오
른쪽에 있고 하나는 그 왼쪽에 있나이다. Zechariah 4:3

124. 악의 집

그렇게 살지는 못한다.
마음이 허락하지 않는다.
마음에 모신 것이
영혼을 좌우한다.

진리의 길을 걸어야 한다.
걷지 않으면 머물게 된다.
언제나 도상에 있는
영원한 순례 길이다.

마음에 있는 것.
날마다 생각하는 것.
그것이 그의 삶이 된다.
그것이 그의 족적이다.

그러하니 내가 어찌
거기에서 살 것인가?
함부로 거처하지 않고
함부로 앉지 않는다.

바람이 불고
계시가 내린다.

그곳이 내가 살아가는
나의 집이다.

누구나 집에서 살아간다.
누구나 사는 곳이 있다.
자기의 삶은
자기가 선택한다.

그리하여 그들은
날마다 광야로 나아간다.
죽음과 썩음의 땅을 떠나
새로운 땅으로 걸어간다.

집이 문제가 아니라
사람이 문제이다.
누가 그 집에서
기도를 드리는가?

그들이 시날 땅으로 가서 그것을 위하여 집을 지으려 함이니
라. 준공되면 그것이 제 처소에 머물게 되리라. Zechariah 5:11

125. 네 바람

어디로 가는가?
무엇을 따르는가?
그를 따라
길을 걷는다.

내가 살아야 할 삶이다.
걷지 않으면
죽게 된다.
살아야 한다.

동에서 오는 바람은
태양을 일으키고
대지를 밝혀
시대를 연다.

남에서 오는 바람은
열매를 익혀
생명을 준다.
살게 해야 한다.

서에서 오는 바람은
생명을 잠들게 한다.

한 시대가 끝나면
새로운 시대가 시작된다.

북에서 오는 바람은
광야에 서게 한다.
정면으로 맞서서
머리를 든다.

오늘도 바람이 분다.
삶의 정상에 올라
세계를 바라본다.
내 앞에 무엇이 있는가?

바람을 따라 길을 걷는다.
그렇게 살아야 한다.
어둠 속에서
문을 열어야 한다.

천사가 대답하여 이르되 이는 하늘의 네 바람인데 온 세상의
주 앞에 서 있다가 나가는 것이라. Zechariah 6:5

126. 새싹

때가 되면
낡은 가지가 떨어지고
새 가지가 일어나야 한다.
그곳에서 열매를 맺어야 한다.

어둠을 떨치고 일어나
새 성전을 세워야 한다.
낡은 마음을 버리고
새 기도를 드려야 한다.

다시 세우려면
옛것은 버려야 한다.
두 개 모두를
가질 수는 없다.

그가 오실 길을
날마다 준비해야 한다.
새 역사를 열어야 한다.
이것을 알아야 한다.

사람은 제각기
할 일이 있다.

자기의 삶을 드려
이루어야 할 것이 있다.

죄악의 싹을 잘라
깨끗케 해야 한다.
싹을 자라게 해야 한다.
새싹에서 새 열매가 나온다.

사람이란 모두
뜻을 가지고 태어난다.
그것을 깨달은 사람은
복이 있는 사람인 것.

그대는 지금 어디에 있는가?
날마다 자신을 점검하여
하늘에 드려야 한다.
생명의 제물이 되어야 한다.

만군의 여호와께서 이같이 말씀하시되 보라 싹이라 이름하
는 사람이 자기 곳에서 돋아나서 여호와의 전을 건축하리라.
Zechariah 6:12

127. 진리의 성

그것을 기다렸다.
기다리는 자에게
마침내 찾아와
응답을 주실 것이다.

기다리지 않았는데
찾아올 것이 있겠는가?
아무것도 없이
주어지는 것은 없다.

살아가는 자리에서
진리를 이루어야 한다.
적어도 그것은
할 수 있지 않은가?

더 많은 것을
요구하는 것은 아니다.
지극히 작은 것,
그것을 원하는 것이다.

갈고 닦은 벽돌을 쌓아
진리의 성을 세운다.

날마다 정상에 올라
하늘을 만난다.

그러다 보면 어느 날,
하늘의 자리에 있지 않겠는가?
매일 오르다 보면
정상에 도달할 것이다.

그렇게 올라야 한다.
하루도 빠짐없이
바위를 깎아
바늘을 만들어야 한다.

끝까지 가야 한다.
자신을 불태워
한줄기 순례의
바람이 되어야 한다.

내가 시온에 돌아와 예루살렘 가운데에 거하리니 예루살렘은
진리의 성읍이라 일컫겠고 만군의 여호와의 산은 성산이라 일
컫게 되리라. Zechariah 8:3

128. 연단

거기를 지나야 한다.
그것을 통과해야 한다.
그 다음에야 우리는
하늘에 이르게 된다.

그것이 힘들다고
주저앉지 않는다.
어차피 지나야 할 것.
과정을 웃으며 즐긴다.

세상에서 가장 무서운 자는
육체의 한계를 넘는 자이며
그보다 더 무서운 자는
그것을 즐기며 가는 자이다.

다 이룰 때까지 반복한다.
그리고 그 반복을 즐긴다.
반복하다 보면 언젠가
도가 트게 될 것이니

시험이 온다고
연단이 길다고

낙심하지 않는다.
반드시 마지막이 올 것이다.

그것이 우리의 희망이다.
희망이 있다는 것은
아직 의지가 있다는 것.
뜻이 있으면 길이 있다.

언제 다시 광야로 나아가
하늘의 길을 걸을 수 있을까?
살아있다는 것은
길을 걷는다는 것이다.

정상이 이르려면
길을 걸어야 한다.
정금을 얻으려면
연단을 지나야 한다.

내가 그 삼분의 일을 불 가운데에 던져 은 같이 연단하며 금 같
이 시험할 것이라. Zechariah 13:9

129. 지진

나는 그 속에 있었다.
하늘이 내려앉고
땅이 흔들리는
굉음의 한 가운데에.

사람들은 아우성치며
살길을 찾았다.
어디로 가야할지
아무것도 보이지 않았다.

살고 싶다는 것이다.
삶을 유지하고
생명을 찾겠다는 것이다.
바로 그것이었다.

그것은 질긴 생명을 이어가는
하늘의 뜻이었다.
뜻이 없는 자들은
제 갈 길로 가버렸다.

우리는 살아야 했다.
함께 부둥켜안아야

죽음의 공포를
견뎌낼 수 있었다.

정신을 차리니
그 소리가 들려왔다.
그 속에서
하늘이 열리고 있었다.

지나고 보니 그것이
새 시대의 징표였고
모두가 하늘의 역사라 하지만
지금도 힘든 자들은 마찬가지다.

위기 속에 기회가 있다.
하여 항상 깨어
눈을 떠야 한다.
하늘의 소리를 들어야 한다.

그 산골짜기는 아셀까지 이를지라. 너희가 그 산 골짜기로 도
망하되 유다 왕 웃시야 때에 지진을 피하여 도망하던 것 같이
하리라. 나의 하나님 여호와께서 임하실 것이요 모든 거룩한
자들이 주와 함께 하리라. Zechariah 14:5

130. 그 날에

모든 것이 끝나면
마지막이 올 것이다.
그것이 우리의 희망이다.
그 속에서 기도를 드린다.

흔들리지 않고
준비를 하는 자는
그것을 맞이할 자격이 있다.
거기에서 승리를 얻을 것이다.

기다림이 없는 자는
기도를 드리지 않는다.
지금이 더 좋은 데
무엇이 더 필요하겠는가?

그래서 가난한 자가
복이 있는 것이다.
아무것도 없는 자가
혁명을 이루어낸다.

몸을 던져야
열매를 건진다.

던지지 않고
얻어지는 것이 있었던가?

그때까지
견디어내야 한다.
길을 걸어야 한다.
그 자리에 있어야 한다.

항상 처음 마음으로
자기를 살펴야 한다.
순간 마음을 잃으면
시험에 빠지게 된다.

더우면 더운 대로
바람 불면 바람 따라
비가 오면 빗속에서
그 날을 기다린다.

그 날에 생수가 예루살렘에서 솟아나서 절반은 동해로 절반은
서해로 흐를 것이라 여름에도 겨울에도 그러하리라. Zechariah
14:8

131. 말라기(Malachi)

나의 사자여,
마지막이 되었다.
지금까지 그 자리에서
잘 버텨주었다.

이제 때가 되었다.
자리에서 일어나라.
나와 같이 역사를
시작해야 한다.

누구나 한 번은
자신을 바칠 때가 있다.
모든 것을 버리고
승부를 걸어야 한다.

하늘이 너를 부르신다.
오늘까지 살아옴이
이것을 위함이지 않은가?
이제 마지막 숨을 토해야 한다.

누군가는 하늘을 보아야 하고
그 자리에서 외쳐야 한다.

외치는 자 없이
어찌 들을 수 있겠는가?

수많은 사람이 있어서
그 삶을 살아오겠지만
하늘과 연결된
한 사람이 필요하다.

하늘을 대신하여
그 말을 전해야 한다.
눈앞의 종말을
알려야 한다.

나의 사람이여,
지금까지 너의 삶이
이때를 위함이지 않은가?
이제 일어나라, 함께 가자.

여호와께서 말라기를 통하여 이스라엘에게 말씀하신 경고라.
Malachi 1:1

132. 의로운 태양

머리를 숙인다.
은혜를 받아야 한다.
겸손히 그를
기다려야 한다.

다만 그렇지 아니하면
아무런 쓸모가 없어져
버림을 받게 되리라.
저절로 멸망하리라.

어떤 상황에서도
충만해야 한다.
흔들리지 않아야 한다.
언제가 그가 올 것이다.

믿음과 기다림은 하나다.
믿음 없는 기다림은 허상이요
기다림 없는 믿음은
헛된 확신일 뿐이다.

이것을 기다려왔다.
웃음을 지을 때까지

자리에 앉아야 한다.
그렇게 살아야 한다.

어둠이 걷히고
태양이 꿈틀거리면
내 마음도 그를 따라
하늘을 나른다.

하루를 살더라도
이렇게 살아야 한다.
한 점 후회함이 없이
꽃을 피워야 한다.

내일은 일어나
길을 걸으리라.
언제나 기회가 올 때마다
떠날 준비를 하리라.

내 이름을 경외하는 너희에게는 공의로운 해가 떠올라서 치료하는 광선을 비추리니 너희가 나가서 외양간에서 나온 송아지 같이 뛰리라. Malachi 4:2

133. 아버지의 마음

시험에 들지 않아야 한다.
끝까지 기다려야 한다.
아랫배의 사랑을
간직해야 한다.

항상 용서해야 한다.
하나가 되어야 한다.
그렇게 일체가 되어
뜻을 이루어야 한다.

새 역사를
기다려야 한다.
새로운 태양이 떠올라
대지를 비추어야 한다.

얼었던 땅이
녹아내리고
새로운 꽃이
피어나야 한다.

같이 준비해야 한다.
깨어있어야 한다.

하늘의 뜻이
어디로 임할 것인가?

하늘의 뜻과
하나가 되어야 한다.
그의 뜻을 따라
길을 걸어야 한다.

사랑과 정의의 길을
걸어가야 한다.
그 안에서
하나가 되어야 한다.

마음을 줌 없이
정의가 없고
공평한 사랑 없이는
그의 나라가 없을 것이다.

그가 아버지의 마음을 자녀에게로 돌이키게 하고 자녀들의 마음을 그들의 아버지에게로 돌이키게 하리라 돌이키지 아니하면 두렵건대 내가 와서 저주로 그 땅을 칠까 하노라. Malachi 4:6

에필로그(Epilogue)

오늘도 어김없이 여명은 밝아오고 태양은 떠오릅니다.

안개와 구름 속에서 하늘이 그 모습을 드러내며 말을 걸어
옵니다.

예언자는 하늘의 신비를 밝혀 그 계시를 세상에 증언하는
자입니다.

예언자는 보는 자(seer)입니다.

그는 밝고 맑고 깊은 눈을 가진 자입니다.

그런 눈을 가진 자만이 진실을 볼 수 있습니다.

그는 세상의 현실을 보며 역사의 실상을 봅니다.

그는 미망 속에서 헤매는 중생들과 집착과 욕망에 빠져 죽
어가는 영혼들을 봅니다.

예언자는 듣는 자(listener)입니다.

그는 세미하고 열린 귀를 가진 자입니다.

그는 소리 하나를 지나치지 않고 경청하고 몰입합니다.

그는 홀로 침묵의 광야로 들어가 하늘의 소리를 들으며,
세상의 한가운데로 걸어가 민중의 소리를 듣습니다.

예언자는 대언자(speaker)입니다.

그는 할 말을 가진 자이며 말의 능력을 아는 자입니다.

그는 보았기에 말을 할 수밖에 없고 들었기에 외칠 수밖에
없습니다.

그는 듣든지 아니 듣든지 그저 묵묵히 자신의 사명을 다합
니다.

그는 비겁한 침묵과 사명에 게으른 자들이 받을 심판을 잘

알고 있습니다.
예언자의 주된 언어는 '슈브'(shub, שוב) 곧 방향을 전환하라는 것입니다.
"너희는 돌이키고(shub) 회개하고(shub) 모든 죄에서 떠날지어다"
"이스라엘 족속아 돌이키고(shub) 돌이키라(shub)"
이스라엘이 회개(shub)하면 하나님은 심판을 돌이키신다(shub)는 것입니다.
그래서 예언자들은 심판이 임하기 전에 회개하라(shub)고 피를 토하며 외치는 것입니다.
슈브(shub)는 돌아서는 것을 가리킵니다.
의인과 믿음의 사람, 택함 받은 사람들이 돌아서면(shub) 심판을 받을 수밖에 없습니다.
하나님의 징벌로부터 슈브(shub)해야 용서와 구원을 얻을 수 있습니다.
그럴 때 포로에서 슈브(shub)하고 하나님의 땅으로 귀향할 수 있게 되는 것입니다.
그래서 슈브(shub)야 말로 구원과 멸망, 천국과 지옥의 열쇠인 것입니다.
우리는 지금 어디로 가고 있습니까?
소비적인 삶을 돌이켜(shub) 생태적이고 절제된 삶으로 나아가야 합니다.
욕망과 소유에서 돌이켜(shub) 버림과 나눔으로 나아가야 합니다.
교만과 이기적인 적개심에서 돌이켜(shub) 겸손과 사랑의 삶을 살아야 합니다.
돌이키고(shub) 돌이켜서(shub) 하늘의 뜻으로 나아갈 때, 그때 희망이 시작될 것입니다.
예언자는 보고 듣고 대언하는 자입니다.
그것이 그들의 사명입니다.

그들이 전한 말을 듣거나 듣지 않는 것은 그들의 책임이 아
닙니다.
다만 보고 듣고 대언하는 사명을 감당하지 않는 것이 죄가
될 뿐입니다.
"네가 악인을 깨우치되 그가 그 악한 마음과 악한 행위에서
돌이키지(shub) 아니하면 그는 죄악 중에서 죽으려니와 너
는 네 생명을 보존하리라" Ezekiel 3:19